EL PEQUEÑO LIBRO DE LAS
SIRENAS

PERSIGUE TUS SUEÑOS

EL PEQUEÑO LIBRO DE LAS
SIRENAS

PERSIGUE TUS SUEÑOS

LIBROAMIGO

Libro originalmente publicado en inglés por HarperCollins Publishers
Ltd. bajo el título *Mermania: The Little Book of Mermaids.*

© HarperCollinsPublishers 2019
© Diseño de cubierta HarperCollinsPublishers

© 2020, Redbook Ediciones, s. l., Barcelona

Rachel Federman afirma poseer los derechos morales para ser
identificada como la autora de este trabajo.

Ilustraciones de cubierta e interior de Laura Korzon
Diseño de cubierta e interior de Jacqui Caulton
Bocadillo de pág. 216 © Shutterstock.com

Traducción y compaginación de Amanda Martínez

ISBN: 978-84-9917-582-9

Depósito legal: B-803-2020

Impreso en Letonia - *Printed in Latvia*

Para Wally y Petra,
seres híbridos que siempre
parecen saber quiénes son

Índice

LOS UNICORNIOS *son* REALES, *las sirenas* ME LO DIJERON

— ANÓNIMO

Siempre persigue tus
sueños,
SIN QUE TE IMPORTE LO
fantasiosos
que parezcan.

Introducción

Las sirenas pertenecen a un reino encantado. Su paisaje marino es tan tentadoramente inalcanzable —puesto que hasta el mejor buceador necesita salir en algún momento a la superficie para coger aire— como terriblemente familiar, siendo el agua nuestro primer hogar. Aunque estas criaturas marinas mitológicas pertenecen al ámbito de las leyendas, están asimismo muy presentes en nuestro mundo moderno. Su influencia se manifiesta tanto en series de televisión como en vídeos musicales, libros ilustrados infantiles y revistas feministas. También las encontramos en grafitis, sellos, tatuajes, literatura juvenil, cómics de manga y postales con mensajes inspiradores. ¡Y no nos olvidemos de las calentitas mantas en forma de cola de sirena! Mires donde mires parece que nuestros alter egos del océano están por todas partes. Las sirenas surgen de los antiguos dioses marinos, renacen de la tragedia del amor prohibido, combinado con el poder seductor de las primeras ninfas con busto de mujer y cuerpo de ave que cantaron a Odiseo hasta que en la Edad Media se las condenó advirtiendo contra su tentación. En la actualidad, las sirenas están presentes de muchas maneras, ya sea como animadoras en fiestas de cumpleaños o incluso como símbolo reivindicativo de poder político particularmente feminista. Los humanos soñamos con poder respirar bajo el agua —e incluso muchos niños y niñas desearían tener su propia cola multicolor de escamas brillantes—; las sirenas, en cambio, como podemos ver reflejado en el arte y los cuentos, parecen anhelar la vida en la tierra. En 2012 un documental televisado en Discovery Channel consiguió convencer a muchos espectadores de la existencia real de las sirenas, un desfile de Nueva York celebra cada año a las deslumbrantes criaturas en el paseo marítimo de

Coney Island cerca de la calle Mermaid Avenue, una estatua de bronce en Copenhague ha sido reconstruida una y otra vez después de haber sufrido numerosos ataques vandálicos; en definitiva, estas criaturas encantadas han sido nuestras musas ya desde la Edad de Bronce. Seguramente, las sirenas nos resultan tan atractivas porque reflejan nuestro drama existencial, nuestro deseo de ser inmortales, de ser algo más que los seres transitorios que somos. Quizás estas mágicas criaturas marinas nos pueden ayudar a acceder a un lugar más allá de nuestra existencia material. Y dado que la mayoría de los océanos del mundo permanecen inexplorados, ¿cómo podemos estar tan seguros de que las sirenas no existen en este mundo? Pero tal vez su mayor efecto en los humanos es la forma en que las sirenas reinterpretan nuestro mundo. Su deseo de una vida en la tierra nos permite reinventar la vida que ya tenemos. A sus ojos, cosas comunes, como el aire, unos pies o la lluvia, adquieren un nuevo matiz, convirtiéndose en extraordinarias, incluso milagrosas. Las sirenas nos recuerdan que el reino al que pertenecemos también está encantado. Quienes aman la Tierra, con el creciente nivel de sus mares, reconocen cada vez más el carácter dual de las sirenas, que presagian la fatalidad a la vez que protegen de ella. Un auténtico símbolo para nadar hacia adelante en la lucha contra el cambio climático. Esperemos que el legado de las sirenas ayude a los humanos a preservar el planeta lleno de agua que tenemos tanta suerte de habitar.

Nombres de sirena alrededor de los siete mares

LETONIA	NARA
IRLANDA	MERROW
JAPÓN	マーメイド
CARIBE	AYCAYIA
BRASIL	IARA
RUSIA Y UCRANIA	RUSALKA
IRÁN	پری دریایی
POLONIA	SYRENA
DINAMARCA	HAVFRUE
MITOLOGÍA INUIT	ᐸᓗᖅ
FRANCIA	SIRÈNE
CHINA	美人鱼
HAITÍ	LASIREN
ESTONIA	MERINEITSI

Historia

A lo largo de la historia,
las sirenas
han recibido una gran
variedad de nombres:

HUMANOIDE ACUÁTICO
KELPIE
LIMNÍADA
NÁYADE
NEREIDA
NIXE
NINFA DEL OCÉANO

OCEÁNIDAS
MUJER-AVE
ESPÍRITU
ESPRIT
SÍLFIDE
ONDINA
NINFA DE AGUA

Se sabe que las sirenas
llegan a vivir hasta

trescientos

♥ **años** ♥

en su forma acuática.

INTERCAMBIAR SUS ALETAS POR LA VIDA
EN LA TIERRA TIENDE A ACORTAR SU VIDA
DRÁSTICAMENTE, ADEMÁS SUELE SIGNIFICAR

renunciar a sus voces
junto con sus colas.

A CAMBIO, SE LES CONCEDE UN
ROMANCE EN LA TIERRA, O TAL VEZ

incluso un alma.

DESAFORTUNADAMENTE,
SE DICE QUE LAS

sirenas

no tienen alma;

CUANDO MUEREN SIMPLEMENTE

se convierten en

espuma de

mar.

EN TÉRMINOS BÍBLICOS
(CITANDO MAL EL GÉNESIS),

'**Espuma de mar**
*eres y en
espuma de mar*
TE CONVERTIRÁS.'

En las aguas

DEL HISTÓRICO PUERTO DE

Copenhague,

SE ENCUENTRA LA CÉLEBRE
ESTATUA DE BRONCE DE

La Sirenita,

REALIZADA POR EDVARD ERIKSEN; SU ESPOSA
FUE LA MODELO PARA LA ESCULTURA.

EN 1909 UN EMPRESARIO CERVECERO
LLAMADO CARL JACOBSEN (HIJO DEL
FUNDADOR DE CARLSBERG) ENCARGÓ LA
ESTATUA DESPUÉS DE QUEDAR FASCINADO
POR UNA VERSIÓN DE BALLET DEL FAMOSO
CUENTO DE LA SIRENITA. LA MAYORÍA DE LA
GENTE SIENTE VERDADERO

aprecio por la estatua,

SITUADA CERCA DEL PASEO MARÍTIMO DE
LANGELINE, SIN EMBARGO, HA SUFRIDO
NUMEROSOS ATAQUES. EN 1964 PERDIÓ SU
CABEZA ORIGINAL. Y A ESTO LE SIGUIÓ
UNA AMPUTACIÓN, UN INTENTO DE
DECAPITACIÓN Y UNA EXPLOSIÓN. PESE A
ELLO, HA SIDO RESTAURADA CADA VEZ.

Las sirenas

PUEDEN SIMBOLIZAR ETERNIDAD, FERTILIDAD,
belleza, deseo, libertad,
misterio y
perdición.

Los cuentos de sirenas comenzaron a aparecer

hace tres mil años,

EN EL REINO MESOPOTÁMICO
DE ASIRIA.

LAS SIRENAS HAN CAUTIVADO A LOS
HUMANOS DURANTE MILES DE AÑOS.

*Las historias sobre
estas criaturas*

SE REMONTAN A LO LARGO DE LA HISTORIA
EN NUMEROSAS CULTURAS. EN EL

período babilónico

(1800-600 A.C.), EA, EL DIOS DEL MAR
(EN GRIEGO, OANNES), ERA UN SER

*con torso humano
y cola de pez.*

25

EL CREADOR DEL

espectáculo de sirenas en vivo

EN WEEKI WACHEE SPRINGS, FLORIDA, FUE

Newton Perry,

UN VETERANO DE LA MARINA DE LOS EE.UU. QUE ENTRENÓ A LOS NAVY SEALS PARA NADAR BAJO EL AGUA EN LA SEGUNDA GUERRA MUNDIAL. AUNQUE LA

ciudad de Weeki Wachee

NO APARECIÓ EN LOS MAPAS HASTA 1966, EL TEATRO EXISTÍA DESDE OCTUBRE DE 1947. EN 2008 SE CONVIRTIÓ EN UN PARQUE ESTATAL.

El nombre

Weeki Wachee

PROVIENE DE LA TRIBU SEMINOLA
DE LOS NATIVOS AMERICANOS QUE
LLAMABAN AL MANANTIAL *WEEKIWACHEE*
(río sinuoso).

El explorador Cristóbal Colón declaró haber visto

tres sirenas

EN EL OCÉANO FRENTE A LA COSTA DE LO QUE ES HOY REPÚBLICA DOMINICANA, EN ENERO DE 1493. DIJO QUE 'SALIERON MUY ARRIBA DEL AGUA' PERO QUE 'NO ERAN TAN HERMOSAS COMO SE LAS DESCRIBE, PORQUE

de alguna manera parecían tener cara de hombre'.

La luz de la luna,

QUE ARROJA UN BRILLO SEDUCTOR
SOBRE MAMÍFEROS ACUÁTICOS, PUEDE
HABER CONTRIBUIDO A CONFUNDIR A LOS
CANSADOS NAVEGANTES DESEOSOS DE
VISLUMBRAR MARAVILLAS. ES PROBABLE
QUE EN LA MAYORÍA DE LOS AVISTAMIENTOS
SE CONFUDIERA A LAS

sirenas

con manatíes, dugongos,

Y CON LAS AHORA EXTINGUIDAS
VACAS MARINAS. UN EXPLORADOR MUY
IMAGINATIVO (WILLIAM SCORESBY EN 1820)
incluso vio una figura
de sirena en una morsa.

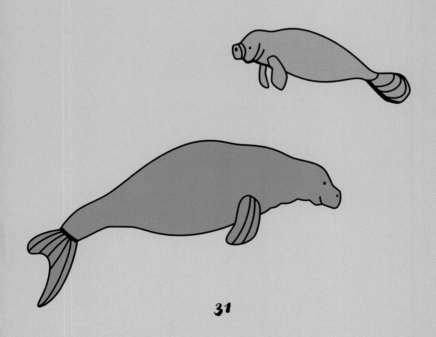

'Dugongo'

VIENE DE UNA PALABRA
MALAYA QUE SIGNIFICA
'dama del mar'.

Se ha dicho que
la sirena
más grande
DEL MUNDO MEDÍA 610 METROS DE LARGO,
de la cabeza
a la cola.

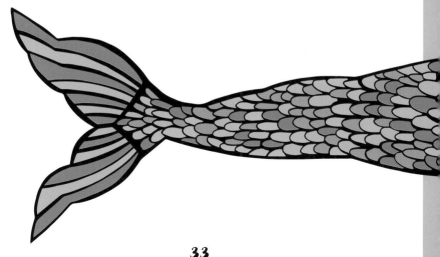

¿Las sirenas son buenas o malas?

EN ALGUNAS HISTORIAS, LAS SIRENAS APARECEN COMO FIGURAS AMABLES Y ROMÁNTICAS, CAPACES DE

conceder deseos, curar, predecir el futuro,

Y ADVERTIR A LOS MARINEROS Y PESCADORES DE PELIGROS INMINENTES.

EN OTROS CUENTOS, LAS SIRENAS SON

peligrosas.

ATRAEN A LOS BARCOS PARA QUE SE ESTRELLEN
CONTRA LAS ROCAS O USAN SUS DULCES
CANTOS Y SU BELLEZA DESLUMBRANTE PARA

*atrapar a los hombres en
su dominio submarino*

CON EL FIN DE AHOGARLOS
O CAPTURARLOS.

EN SU *HISTORIA NATURAL*,
ESCRITA EN EL SIGLO I D.C.,

Plinio el Viejo

DOCUMENTÓ AVISTAMIENTOS DE SIRENAS
montadas sobre otras
criaturas marinas.

'CON RESPECTO A LAS SIRENAS LLAMADAS

Nereidas,

EXISTEN DE VERDAD Y SON TAL COMO LOS
ARTISTAS LAS HAN PINTADO:

*solo que su cuerpo
está totalmente cubierto
de escamas,*

INCLUSO EN LA PARTE DONDE
SE ASEMEJAN A UNA MUJER.'

Deslizándose
silenciosamente en botes
hechos de piel de foca,

los cazadores de ballenas Inuit

PUEDEN HABER PARECIDO
CRIATURAS MEDIO MARINAS.

EN SU *HISTORIA NATURAL DE AMBOINA* (1727),

el naturalista holandés

FRANÇOIS VALENTIJN MENCIONABA

la captura de un "monstruo similar a una sirena".

Los peines de las
sirenas

ESTÁN HECHOS DE ESPINAS DE PECES.

UNA ATRACCIÓN POPULAR EN LOS
ESPECTÁCULOS DE FERIA DEL SIGLO XIX
ERA UNA CRIATURA MITAD MONO COSIDO A
UNA COLA DE PEZ, ASÍ SE HACÍA CREER AL
PÚBLICO QUE ERAN LOS RESTOS DE UNA

sirena real.

EN 1842, P.T. BARNUM EXHIBIÓ UNA DE
ESTAS CRIATURAS EN SU MUSEO AMERICANO
EN LA CIUDAD DE NUEVA YORK, LA LLAMADA

sirena de Fiji,

Y AFIRMABA QUE SE LA HABÍA
COMPRADO A UN PESCADOR JAPONÉS.

En su segundo viaje,
EN BUSCA DEL PASO DEL NOROESTE
SOBRE RUSIA, HENRY HUDSON, EL

explorador inglés
del siglo XVII, registró un
avistamiento de sirena el
15 de junio de 1608.

Esto es lo que escribió en su cuaderno de bitácora:

'ESTA MAÑANA UN MIEMBRO DE NUESTRA TRIPULACIÓN VIO UNA SIRENA POR LA BORDA. . . DEL OMBLIGO HACIA ARRIBA, SU ESPALDA Y SUS SENOS ERAN COMO LOS DE UNA MUJER, SU CUERPO ERA TAN GRANDE COMO EL DE UNO DE NOSOTROS; SU PIEL ERA MUY BLANCA; Y SOBRE SU ESPALDA COLGABA UNA CABELLERA LARGA, DE COLOR NEGRO; CUANDO SE SUMERGIÓ VIERON SU COLA, QUE SE ASEMEJABA A LA DE UNA MARSOPA MOTEADA COMO UNA CABALLA.'

En 1830 se celebró un
funeral para conmemorar
la muerte de una

 sirena

CUYO CADÁVER APARECIÓ EN
LA PLAYA DE CULLA BAY, EN BENBECULA, UNA
DE LAS ISLAS OCCIDENTALES DE ESCOCIA.

Un informe de 1900

RELACIONABA SU MUERTE CON UN ATAQUE
EN SGEIR NA DUCHADH UNOS DÍAS ANTES.
Se dice que su cuerpo está
enterrado cerca del mar.

FÍJATE EN EL MAPA DEL

'Nuevo Mundo'

DE 1562, LLAMADO *LAS AMÉRICAS, O UNA MODERNA Y PRECISA REPRESENTACIÓN DE LA CUARTA PARTE DEL MUNDO,* Y VERÁS

dos sirenas

FLOTANDO AL LADO DE UN BARCO CERCA DE LA PUNTA DE LA ACTUAL SUDAMÉRICA.

Una historia real:

A PRINCIPIOS DEL SIGLO XIX,

Robert Stephen Hawker

DE CORNUALLES, INGLATERRA, NADÓ HASTA UNA ROCA, CANTÓ IMITANDO A UNA SIRENA DURANTE TRES NOCHES,

con la cabeza cubierta de algas marinas

Y CON ELLO ATRAJO A UNA GRAN MULTITUD. PASADA LA TERCERA NOCHE SE SUMERGIÓ EN EL AGUA Y EL ESPECTÁCULO NO SE VOLVIÓ A REPETIR NUNCA MÁS.

¿Existen sirenas masculinas?

EN EFECTO, SE LLAMAN

sirenos.

EL DIOS GRIEGO TRITÓN, POR EJEMPLO, SE PARECE BASTANTE A LO QUE PODRÍA SER UN SIRENO. POR OTRO LADO, EL SER MARINO DEL FOLCLORE IRLANDÉS LLAMADO COOMARA (QUE SIGNIFICA 'PERRO MARINO') TIENE DIENTES VERDES Y PATAS ESCAMOSAS.

49

Fíjate bien
la próxima vez que
vayas a Starbucks.

VERÁS QUE LA MUJER EN

el logo

es una sirena de dos colas.

EL DISEÑO, SIN EMBARGO, HA CAMBIADO
CONSIDERABLEMENTE DESDE 1971, CUANDO
APARECIÓ POR PRIMERA VEZ Y LA SIRENA
MOSTRABA MUCHA MÁS PIEL (Y ESCAMAS).

El nombre de la empresa es anterior a su logotipo.

STARBUCKS SE INSPIRA EN EL PERSONAJE SR. STARBUCK, PRIMER OFICIAL DEL *PEQUOD* EN EL CLÁSICO *MOBY-DICK* DE HERMAN MELVILLE. PARA SEGUIR CON EL TEMA MARÍTIMO, EL ASESOR DE PUBLICIDAD TERRY HECKLER CREÓ

el icónico logo de sirena que conocemos hoy en día.

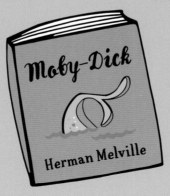

SI VISITAS CORNUALLES (POR SU TRADICIÓN DE SIRENAS, O POR CUALQUIER OTRA RAZÓN), QUERRÁS EVITAR EL

banco de arena

DONDE EL RÍO CAMEL SE UNE AL MAR. CUENTA LA LEYENDA QUE FUE CREADO POR UNA SIRENA EN VENGAZA POR SU MUERTE A MANOS DE UN MARINERO. CIERTO O NO, MUCHOS BUQUES HAN EMBARRANCADO EN ESTE BANCO DE ARENA.

EN EL FOLCLORE JAPONÉS, SE DICE QUE

comer Ningyo

(sirenas)

GARANTIZA LA LONGEVIDAD.

'Los espíritus del agua se conocían con nombres tales como oréades, nereidas, limoníades, náyades sirenas y potámides. Las ninfas a menudo derivaban su nombre de los arroyos, lagos o mares en los que moraban.'

— *LAS ENSEÑANZAS SECRETAS DE TODOS LOS TIEMPOS*, MANLY P. HALL (1928)

EN 2009, VARIOS

informes independientes sobre avistamientos de sirenas

EN LA PEQUEÑA CIUDAD DE KIRYAT YAM, EN LA COSTA DE ISRAEL, HICIERON QUE SE OFRECIERA

1 millón de $

A LA PERSONA AFORTUNADA QUE LOGRARA FOTOGRAFIAR A UNA SIRENA. HASTA HOY

la recompensa sigue sin reclamarse.

SE BUSCA

¿HAS VISTO A ESTA SIRENA?

RECOMPENSA DE 1 MILLÓN DE $

AMIGOS CONOCIDOS: CABALLITOS DE MAR, FOCAS Y MANATÍES

VISTA POR ÚLTIMA VEZ DESCANSANDO EN UNA ROCA

Mitología

*M*uchos de los que crecieron cautivados por el personaje de Ariel en *La sirenita* de Disney se sorprenden al descubrir cuán oscura e incluso horrible es la versión de la historia de Hans Christian Andersen. Quienes profundicen en la historia y la mitología de las sirenas encontrarán muchas similitudes en el cuento del autor danés. Muchos cuentos sobre sirenas son historias de sufrimiento y desgracia, de traición y venganza, historias que a menudo acaban sin un final feliz, con muchas familias abandonadas. Aun así, existen culturas que celebran a las sirenas como símbolo de la buena suerte, y temas como el renacimiento y las segundas oportunidades son comunes a todas las culturas. El contacto entre diferentes culturas y la mezcla de sus creencias ha dado lugar a una multiplicidad de significados y tradiciones. Pero incluso más sorprendente que la variedad es la universalidad de la figura polimórfica, puesto que parecen haber surgido de forma independiente muchas historias sobre personajes mitad mujer/mitad pez. La versión moderna representa a sirenas que buscan una oportunidad en la vida; sin embargo, en los mitos la encarnación de la sirena es a menudo una mujer hundida a la que se le da una segunda oportunidad. Las aguas que rodean las costas de Irlanda habían sido el hogar de Liban, una mujer medio salmón que al transformarse en una sirena sobrevivió a la inundación que había matado a su familia. Cuando fue capturada después de una larga vida submarina, se le dio el nombre de Muirgen ('nacida en el mar') y ascendió al cielo.

Las mujeres pez

EN EL ARTE MESOPOTÁMICO
PRIMITIVO SE LLAMABAN *KULITU*.

EN ESCOCIA, LAS HERMOSAS
MUJERES CONOCIDAS COMO

Selkies

se convierten en
focas cuando entran
en el agua.

EN TIERRA, SE DESPOJAN DE SU PIEL
DE FOCA, PERO NUNCA PODRÁN VOLVER
AL MAR SIN ELLA. ALGUNAS LEYENDAS
DICEN QUE LAS

'hadas de las focas'
emergen en la víspera del
solsticio de verano.

Mami Wata

(MAMÁ AGUA) ES UNA DIVINIDAD DEL AGUA AFRICANA. SE REPRESENTA A MENUDO CON UNA SERPIENTE O UN COCODRILO AÑADIDO A SU CUERPO DE MUJER-PEZ. ES SANADORA PERO CONTIENE UN ELEMENTO DE PELIGRO, COMO OTRAS DEIDADES ACUÁTICAS.

Se dice que le gustan los adornos brillantes.

LA ESCLAVITUD Y EL DESPLAZAMIENTO DE AFRICANOS A MANOS DE LOS COLONIZADORES EUROPEOS LLEVÓ A UNA TRADICIÓN COMPARTIDA AL OTRO LADO DEL OCÉANO. EN EL CARIBE, POR EJEMPLO, LA SIRÈNE SE PARECE MUCHO A MAMI WATA.

ANTES DE QUE LAS IMÁGENES
DE CRIATURAS MITAD HUMANAS MITAD PEZ
SE HICIERAN POPULARES,

los dioses del agua

SE MOSTRABAN VESTIDOS
con pieles de pez.

En la catarata de Gocta,

en Perú,

UNA SIRENA, UN PESCADOR Y SU ESPOSA
SE ENCONTRARON EN UN DESAFORTUNADO
TRIÁNGULO AMOROSO CUANDO
LA SIRENA NO SOLO AUMENTÓ

*la pesca del pescador
sino también agregó*

un poquito de oro.

EN LAS ORILLAS DE LOS RÍOS DE RUSIA,
UNAS EXTRAÑAS CRIATURAS LLAMADAS
*Rusalki salen del
agua por la noche*
PARA CANTAR Y BAILAR, PERO LA
APARIENCIA FESTIVA OCULTA LA VERDADERA
RAZÓN DE SU PRESENCIA. EN SU VIDA
TERRESTRE, ESTAS MUJERES MURIERON
VIOLENTAMENTE, ALGUNAS DE ELLAS
AHOGADAS. PARA VENGAR SUS MUERTES, LAS
CRIATURAS PARECIDAS A SIRENAS CANTAN
Y BAILAN, ESPERANDO SEDUCIR A OTROS Y
ATRAERLOS A LA MISMA SUERTE.

En la mitología Inuit,

SE CUENTAN MUCHAS VERSIONES
DE LA HISTORIA DE

Sedna

LA DIOSA DE LOS MARES.
EN UNA, SEDNA NO QUIERE CASARSE
CON NINGUNO DE LOS CAZADORES QUE SU
PADRE ELIGE PARA ELLA. LA ENGAÑAN Y
ACABA CASÁNDOSE CON UNO QUE RESULTA
SER UN PÁJARO, Y LUEGO INTENTA ESCAPAR
CON LA AYUDA DE SU PADRE.

PERO EL PÁJARO INVOCA UNA FUERTE
TORMENTA Y EL PADRE DE SEDNA DEBE
LANZAR A SU HIJA AL MAR PARA SALVARLA.
Sobrevive en una nueva
forma como sirena.
EN OTRA VERSIÓN DE LA HISTORIA, EL PADRE
DE SEDNA LA ARROJA AL MAR DESPUÉS
DE QUE ELLA LO ATAQUE. ELLA INTENTA
AFERRARSE AL BOTE, PERO ÉL LE CORTA LOS
DEDOS. ESTOS RENACEN CON ELLA
como criaturas marinas.

DE FINALES DE LA ÉPOCA MEDIEVAL FRANCESA
NOS LLEGA LA INQUIETANTE HISTORIA DE UNA
DONCELLA CON UN SECRETO ESCAMOSO.

La bella Melusina

TIENE UN SECRETO QUE NO QUIERE
REVELAR. LOS SÁBADOS, CUANDO SE
BAÑA, ADOPTA SU VERDADERA FORMA DE
MEDIO PEZ (O A VECES DE SERPIENTE),
UNA ESPECIE DE "TRAJE DE NACIMIENTO"
QUE PODRÍA SER UN POCO ALARMANTE
PARA LOS NO INICIADOS. MELUSINA PIDE
SABIAMENTE PRIVACIDAD A SU MARIDO PARA
ESTE RITUAL SEMANAL, PERO CUANDO SU
CURIOSO AMANTE DESCUBRE SU SERPIENTE
INTERIOR, ELLA HUYE INMEDIATAMENTE

para salvar su vida.

71

LA COLA DE MELUSINA NO ES UN PROBLEMA
PARA LAS MUCHAS FAMILIAS NOBLES
EUROPEAS QUE LA CONSIDERAN COMO SU
ANTEPASADA Y LA REPRESENTAN EN SU

escudo de armas

DEFENDIENDO CON ORGULLO

*ser descendientes
de una sirena.*

Varsovia,

EN POLACO WARSZAWA, PODRÍA LLEVAR
ESTE NOMBRE POR UNA PAREJA LEGENDARIA
EN POLONIA. SE DICE QUE

Wars, un pescador,

RESCATÓ A UNA
SIRENA EN CAUTIVERIO

llamada Sawa.

EN EL FOLCLORE JAPONÉS LA

sirena,

llamada Ningyo,

TIENE LA BOCA DE UN MONO.

LOS NATIVOS AMERICANOS DE LA TRIBU
PASSAMAQUODDY CUENTAN LA HISTORIA
DE DOS ATREVIDAS CHICAS QUE NADABAN
DESNUDAS Y SE TRANSFORMARON EN
SIRENAS TRAS PASAR

*demasiado tiempo
bajo el agua.*

Los humanos no son
los únicos que tienen la
suerte de ser medio peces.

Los hipocampos

(CABALLITOS DE MAR ADULTOS)
ERAN CABALLOS MARINOS
CON COLAS DE PEZ

que tiraban del
carro de Poseidón.

EL 6 DE ABRIL DE CADA AÑO, LOS PESCADORES INDONESIOS DE LA CIUDAD DE PELABUHAN RATU, EN JAVA OCCIDENTAL, RINDEN HOMENAJE A LA DIOSA SIRENA NYAI LORO KIDUL,

la 'reina del Mar del Sur',

REZANDO POR SU BENDICIÓN Y ENTREGANDO OFRENDAS AL MAR.

UNO DE LOS MITOS ORIGINALES
SOBRE SIRENAS ES UNA
historia de amor
desventurado.

La diosa de la
luna y el agua,

ATARGATIS, SE ENAMORÓ DE UN PASTOR
LLAMADO HADAD. AUNQUE TUVIERON UNA
HIJA QUE LUEGO SE CONVERTIRÍA EN LA
REINA DE ASIRIA,

Atargatis mató por
accidente a su amante
prohibido Hadad.

SINTIENDO CULPA Y TORMENTO,
SE ARROJÓ A UN LAGO DONDE
se transformó
en sirena.

Atargatis

DEL MITO ASIRIO MÁS TARDE
se convirtió en Derceto
EN LA MITOLOGÍA GRIEGA Y
Dea Siria en la romana.

HABÍA UNA VEZ UNA JOVEN SIRENA,

Suvannamaccha,

la sirena dorada de Tailandia.

CUANDO SU MALVADO PADRE LE PIDIÓ AYUDA
PARA FRUSTAR LOS PLANES DE UN ENEMIGO,
NO TUVO MÁS REMEDIO QUE OBEDECER.
SU PADRE MANTENÍA EN CAUTIVERIO A LA
BELLA SITA, ESPOSA DEL SEÑOR RAMA, EN
LA ISLA DE LANKA. EL DIOS MONO HINDÚ
HÁNUMAN INTENTABA CONSTRUIR UN
PUENTE DE ROCAS PARA RESCATAR A SITA.
CADA DÍA, HÁNUMAN COLOCABA TANTAS
ROCAS PESADAS COMO ERA POSIBLE, PERO
CADA DÍA LA SIRENA DORADA Y SUS AMIGOS
SE LLEVABAN TANTAS COMO PODÍAN A UNA

CUEVA LEJANA. SIN EMBARGO, HÁNUMAN
Y SUVANNAMACCHA SE ENAMORARON Y
LA SIRENA CAMBIÓ DE OPINIÓN Y DECIDIÓ
AYUDAR A CONSTRUIR EL PUENTE QUE HABÍA
ESTADO DESTRUYENDO DURANTE TANTO
TIEMPO. AL FINAL, TUVO QUE DESPEDIRSE
DE SU AMOR, INCLUSO CUANDO ESTABA
EMBARAZADA DE SU HIJO.

SE DICE QUE DURANTE SIGLOS
DESPUÉS DE SU MUERTE,

la hermana de Alejandro Magno, Tesalónica,

RONDABA EL MAR EGEO PIDIENDO NOTICIAS
DE SU HERMANO CUANDO PASABAN LOS
BARCOS. ELLA SOLO QUERÍA OÍR UNA COSA:
QUE ALEJANDRO VIVÍA Y CONTINUABA SU
REINADO. LOS MARINEROS QUE DABAN ESA
RESPUESTA PODÍAN SEGUIR FELIZMENTE
SU CAMINO. LOS QUE NO TRAÍAN BUENAS
NOTICIAS SE ENFRENTABAN A LA IRA DE
TESALÓNICA, QUE SE TRANSFORMABA EN

una gorgona y destruía los barcos.

83

83

SE MENCIONA A UNA SIRENA

de cuatro patas

en el antiguo texto chino

SHAN HAI JING, QUE SE CREE QUE ES DEL SIGLO IV A.C., SI NO ANTERIOR.

Las sirenas de agua dulce
QUE VIVEN EN LA TIERRA DE ARNHEM, EN
EL NOROESTE DE AUSTRALIA, SE LLAMAN

 Yawk Yawks.

EN LA CASCADA DE ESTE LUGAR
SE PUEDEN ESCUCHAR

las voces de las sirenas.

Ciencia

a investigación sobre la simbología y la mitología de las sirenas podría ser una misión de por vida. Pero también está el aspecto científico que no puede faltar en este libro. Al fin y al cabo, tenemos que descubrir cómo se reproducen las sirenas, cómo respiran y cómo podemos proteger su hábitat. Durante muchos siglos, las investigaciones relacionadas con sirenas se llevaron a cabo como parte de la historia natural, hasta que finalmente quedaron relegadas al ámbito más anecdótico de las curiosidades. Más recientemente, el Profesor Karl Banse de la Universidad de Washington escribió un artículo peculiar titulado 'Mermaids – Their Biology, Culture, and Demise' («Sirenas: Su biología, cultura y desaparición»). Podemos suponer que el artículo pretende ser satírico, a la vez que ofrece información valiosa sobre uno de los temas de investigación más antiguos del mundo. A pesar de nuestra obsesión de más de 3.000 años con las sirenas, en la actualidad los científicos estiman que el 95% de los océanos están aún sin explorar. Así que todavía queda mucho por descubrir sobre estas criaturas. El oceanógrafo Profesor Banse argumentó en su artículo que el estudio de las mujeres con cola de pez es un área de investigación legítima y vinculó la desaparición de estas criaturas al aumento de las poblaciones de medusas a causa de un desequilibrio oceánico provocado por la sobrepesca.

¿Cómo nacen las sirenas?

AUNQUE SEGÚN UNA HISTORIA POPULAR
*una sirena nace
por la garganta,*
EN LA MAYORÍA DE LOS CASOS,
IGUAL COMO SUCEDE CON LOS UNICORNIOS,
NADIE PARECE SABERLO.

LA COLECCIÓN DE GRABADOS
XILOGRÁFICOS DE *MONSTRORUM HISTORIA*,
*del naturalista
italiano del siglo XVI*
ULISSE ALDROVANDI, DOCUMENTABA TANTO
LAS ANOMALÍAS HUMANAS REALES COMO
LAS DE LAS CRIATURAS MITOLÓGICAS.
EN EL LIBRO FIGURABA UNA HORRIBLE
PAREJA DE SIRENAS CON
*patas palmeadas que
salían de sus colas y con
cuernos en la cabeza.*
(LAS ENTRADAS RELACIONADAS INCLUÍAN
UN MONJE DEL MAR Y UN OBISPO DEL MAR.)

MADII PAGE ES UNA

'sirena'

WIRADJURI (INDÍGENA AUSTRALIANA) QUE
SE BASA EN SU CONOCIMIENTO AUTÓCTONO
DEL CLIMA COSTERO PARA PROMOVER

la protección de los
océanos y la lucha contra
el cambio climático.

MUCHOS AMANTES DE LAS SIRENAS
PRESTAN SU VOZ A LA LUCHA POR LA

conservación marina,

POR EJEMPLO EDUCANDO
AL PÚBLICO SOBRE LOS

peligros de las botellas de plástico,

LA MAYORÍA DE LAS CUALES NO SE
RECICLAN Y MUCHAS TERMINAN EN EL MAR.

El premio
La Sirena Enfadada

FUE OTORGADO EN 2009 A LA EMPRESA
AGROQUÍMICA MONSANTO ANTES DE LAS
CONVERSACIONES SOBRE EL CLIMA EN
COPENHAGUE. LOS VOTANTES ELIGIERON AL
'GANADOR' EN BASE A QUÉ

compañía

hizo el mayor

daño

A LOS ESFUERZOS MEDIOAMBIENTALES.

DADA LA CONTAMINACIÓN DE LOS OCÉANOS
Y LA ALTERACIÓN DE LOS ECOSISTEMAS Y
LAS FUENTES DE ALIMENTO PARA TODAS
LAS CRIATURAS MARINAS,

las sirenas

—SI ES QUE EXISTEN— PROBABLEMENTE
SERÍAN UNA ESPECIE EN EXTINCIÓN.
LA CONSULTORA EN SOSTENIBILIDAD
SUSETTE HORSPOOL ESPECULA QUE LAS
SIRENAS SUPERVIVIENTES PODRÍAN HABER
ENCONTRADO UN HOGAR CERCA DE LAS
fuentes hidrotermales,

ABERTURAS A LO LARGO DEL FONDO
MARINO DONDE EL AGUA SE CALIENTA.
CASUALMENTE, SE SABE QUE LOS PECES
CARTILAGINOSOS DE AGUAS PROFUNDAS
conocidos como rayas
INCUBAN SUS HUEVOS CERCA DE FUENTES
HIDROTERMALES EN UNA ENVOLTURA
PROTECTORA LLAMADA

'*monedero de sirena*'
(*mostrado abajo*).

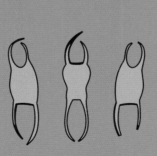

EN 1979,

la oceanógrafa

Sylvia Earle,

ALIAS 'HER DEEPNESS', SE CONVIRTIÓ EN
UNA ESPECIE DE SIRENA CUANDO CAMINÓ
SOBRE EL FONDO DEL OCÉANO DURANTE
dos horas y media.

EL LEGENDARIO ARTISTA E INVENTOR
ITALIANO DEL RENACIMIENTO

Leonardo da Vinci

PROBABLEMENTE SE HABRÍA IMPRESIONADO
CON LA MANGUERA DE RESPIRACIÓN QUE
UTILIZAN LAS SIRENAS DE WEEKI WACHEE.

El aparato de respiración subacuática

QUE DA VINCI ESBOZÓ EN SU *CODEX
ATLANTICUS* EN 1500 SE CONVIRTIÓ
FINALMENTE EN UN DISEÑO QUE AHORA
SE CONOCE COMO EQUIPO DE BUCEO.

NEIL SHUBIN,
biólogo evolutivo
y autor de
TU PEZ INTERIOR, SOSTIENE QUE EL

 bipo

ES EL RESULTADO DE UN MECANISMO DE
RESPIRACIÓN RELACIONADO CON NUESTRO
pasado acuático.

¿TE PREGUNTAS QUÉ TIPO DE PECES ESTÁN *relacionados con las sirenas?*

SEGÚN GEORGE PARSONS, DIRECTOR DEL SHEDD AQUARIUM DE CHICAGO SON LOS

peces pelágicos.

EN 2012 LA DIFUSIÓN DE UN POLÉMICO
DOCUMENTAL DE ANIMAL PLANET,
Sirenas:
El cuerpo hallado,
LLEVÓ A MUCHOS ESPECTADORES
A CREER EN LA EXISTENCIA REAL DE
LAS SIRENAS. ANTE ESTA SITUACIÓN, LA
ADMINISTRACIÓN NACIONAL OCEÁNICA
Y ATMOSFÉRICA EMITIÓ UN COMUNICADO
OFICIAL RESPONDIENDO A LA PREGUNTA:
'¿Son reales las sirenas?'

Esto es lo que escribieron:

'NINGUNA EVIDENCIA DE ESTOS HUMANOIDES ACUÁTICOS HA SIDO HALLADA. ¿POR QUÉ, ENTONCES, OCUPA EL INCONSCIENTE COLECTIVO DE CASI TODOS LOS PUEBLOS MARINEROS? ESA ES UNA PREGUNTA QUE ES MEJOR DEJAR A LOS HISTORIADORES, FILÓSOFOS Y ANTROPÓLOGOS.'

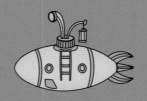

SIN DEJARSE INTIMIDAR POR EL

gran malentendido

(O TAL VEZ ALENTADO POR ÉL),
UN AÑO DESPUÉS ANIMAL PLANET LANZABA

*otro falso documental
como secuela:*

SIRENAS: LA NUEVA EVIDENCIA.

UN CASO DE IDENTIFICACIÓN ERRÓNEA
(VER P. 30) DIO LUGAR AL NOMBRE

Sirenia

PARA CLASIFICAR LA ESPECIE DE MAMÍFEROS
ACUÁTICOS QUE INCLUYE DUGONGOS Y
MANATÍES. AUNQUE LAS SIRENAS DE
HOMERO ERAN MUJERES MEDIO PÁJAROS
POCO ATRACTIVAS (VER P. 141), SUS
CUALIDADES SEDUCTORAS SE FUSIONARON
CON LA SIRENA MEDIO MUJER/MEDIO PEZ
QUE CONOCEMOS HOY.

'...ahora el materialismo de la era actual destruiría, si pudiera, nuestra arraigada creencia en estas excentricidades marinas'.

— JOHN ASHTON,
NATURALISTA DEL SIGLO XIX

Nereida,

LA TERCERA LUNA MÁS
GRANDE DE NEPTUNO, SE LLAMA ASÍ POR LA

ninfa de agua salada

DE LA MITOLOGÍA GRIEGA (NO CONFUNFIR
CON LA NINFA DE AGUA DULCE CONOCIDA
COMO NÁYADE). PESE A QUE AMBAS DEIDADES
GUARDAN RELACIÓN CON LAS SIRENAS Y,
A VECES, APARECEN REPRESENTADAS CON
COLAS DE PEZ, GENERALMENTE SE LAS
IMAGINA COMO FIGURAS FEMENINAS MÁS
TRADICIONALES (AUNQUE SOBRENATURALES).

Algunos dicen que las

sirenas

TIENEN BRANQUIAS EN EL CUELLO; OTROS DICEN QUE EN REALIDAD NO PUEDEN RESPIRAR BAJO EL AGUA, SINO QUE SIMPLEMENTE

aguantan la respiración durante mucho tiempo.

En el siglo XVI,

UN MÉDICO DE UNA COLONIA PORTUGUESA
EN LA INDIA DISECCIONÓ UNA SIRENA
CAUTIVA; AL COMPARARLA CON SUS
HOMÓLOGOS TERRESTRES,

*no se encontraron
diferencias importantes.*

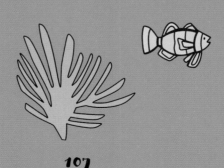

La planta de algas
unicelular

ACETABULARIA ACETABULUM ES CONOCIDA POR LA MAYORÍA DE LOS OBSERVADORES AFICIONADOS COMO LA 'COPA DE VINO DE LA SIRENA'. ESTA BONITA PLANTA Y SU NOMBRE ES MOTIVO DE ENTUSIASMO ENTRE LOS BOTÁNICOS MARINOS, AUNQUE NUEVAS INVESTIGACIONES SUGIEREN QUE EL AUMENTO DE LA ACIDIFICACIÓN OCEÁNICA HA DEBILITADO A LA PLANTA CAMBIANDO posiblemente tanto su forma como su color.

109

Arte, literatura & cultura popular

*E*stas versátiles criaturas han adoptado diferentes formas alrededor del mundo, desde Japón hasta Perú, desde las aguas del Ártico hasta el desierto mexicano (sí, al menos una sirena existe en tierra firme). Se han sumergido en la ópera y el ballet, han nadado por desfiles, han sido prisioneras de la poesía romántica, musas de pintores victorianos y la inspiración de innumerables cuentos infantiles. ¡Hoy incluso existen academias que enseñan cómo convertirse en una de ellas!

BIENVENIDOS

DESFILE
DE SIRENAS
→

Afrodita,

la diosa del amor,

QUE NACE DE LA ESPUMA DEL MAR, LLEGÓ A LA ORILLA EN UNA CONCHA. ¿SE INSPIRÓ, A CASO, EN SUS ANTEPASADAS LAS SIRENAS? FÍJATE BIEN EN LA PINTURA DE SANDRO BOTTICELLI DE 1485 *EL NACIMIENTO DE VENUS*. VERÁS QUE LA FORMA DE LOS PIES DE VENUS RECUERDAN A UNA ALETA.

Mucho antes de que el éxito de la película de Ron Howard 1, 2, 3...

Splash

CAUSARA SENSACIÓN EN LAS PANTALLAS DE CINE DE TODO EL MUNDO EN 1984, UNA COMEDIA BRITÁNICA ENTRETUVO A LOS ESPECTADORES: LA PELÍCULA *MIRANDA* DE 1948. UN MÉDICO QUE ESTÁ DE VACACIONES EN LA COSTA DE CORNUALLES SE ENCUENTRA CON UNA SIRENA QUE LO CONVENCE PARA QUE LA LLEVE A LONDRES. (¿SIENTES CURIOSIDAD POR SABER CÓMO SERÍA UN BEBÉ SIRENA? BUSCA LA ESCENA FINAL DE LA PELÍCULA.)

115

"Part of Your World",

("PARTE DE TU MUNDO" EN LA VERSIÓN ESPAÑOLA) ES LA FAMOSA CANCIÓN QUE CANTA ARIEL EN LA PELÍCULA DE 1989 DE DISNEY

La Sirenita.

ESTA CANCIÓN HA SIDO ACOGIDA POR LA COMUNIDAD LGBT, QUE SE IDENTIFICA CON EL RECHAZO A LA TRADICIÓN Y EL ANHELO DE UN MUNDO COLORIDO E INALCANZABLE. (EL PAPEL DE ÚRSULA, LA BRUJA DEL MAR QUE CONVENCE A ARIEL PARA QUE RENUNCIE A SU VOZ A CAMBIO DE UNA VIDA FUERA DEL AGUA, SE INSPIRÓ EN LA DRAG QUEEN DIVINE, EL PERSONAJE ESTRELLA DE LAS PELÍCULAS DE JOHN WATERS, INTERPRETADO POR EL ACTOR HARRIS GLENN MILSTEAD.)

117

ERIC DUCHARME, ALIAS EL 'MERTAILOR'
(MODISTO SIRENO) DISEÑA TODO TIPO DE

trajes de baño
de fantasía

PARA HOMBRES Y MUJERES.

Moon Kelp Whimsy y
Ocean Spray Whimsy

SON DOS DE SUS DISEÑOS MÁS DESTACADOS.
CUANDO ERA NIÑO VISITÓ A MENUDO WEEKI
WACHEE SPRINGS (VER P. 27) PARA VER LOS
ESPECTÁCULOS DE SIRENAS EN VIVO, DE AHÍ
SACÓ SU INSPIRACIÓN Y APRENDIÓ A COSER A
LA EDAD DE OCHO AÑOS CON SU ABUELA.

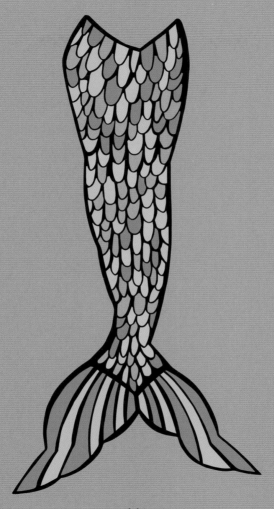

119

En la capilla de Zennor,
EN CORNUALLES, UNA TALLA DEL
SIGLO XV CONOCIDA COMO

la 'silla de
la sirena'

MUESTRA A UNA CRIATURA MITAD PEZ MITAD
MUJER QUE SOSTIENE UN ESPEJO Y UN
PEINE. LAS ESCULTURAS DE SIRENAS ERAN
POPULARES EN LAS IGLESIAS EUROPEAS
EN LA EDAD MEDIA PARA ADVERTIR A LOS
POSIBLES PECADORES EN CONTRA DE
las tentaciones terrenales.

121

En la clásica
novela americana

Moby-Dick

DE HERMAN MELVILLE, ALGUNOS DE LOS
MARINEROS DEL PEQUOD AFIRMAN HABER
OÍDO EL CANTO DE LAS SIRENAS. OTROS,
EN CAMBIO, CREEN QUE EL SONIDO
SOBRENATURAL SON LOS GEMIDOS DE
"HOMBRES RECIÉN AHOGADOS".

'AL FIN, CUANDO EL BARCO SE ACERCÓ AL BORDE, POR DECIRLO ASÍ, DE LA ZONA ECUATORIAL DE PESCA, Y EN LA PROFUNDA OSCURIDAD QUE PRECEDE AL ALBA, NAVEGANDO JUNTO A UN GRUPO DE ISLOTES ROCOSOS, LA GUARDIA, MANDADA ENTONCES POR FLASK, SE SOBRESALTÓ CON UN GRITO TAN PLAÑIDERAMENTE SALVAJE Y SOBRENATURAL, COMO LOS GEMIDOS MEDIO ARTICULADOS DE LOS FANTASMAS DE TODOS LOS INOCENTES ASESINADOS POR HERODES...'

— HERMAN MELVILLE, *MOBY-DICK*

La idea original

PARA LA COMEDIA ROMÁNTICA 1,2,3...

Splash

DE 1984 PLANTEABA EL ARGUMENTO DESDE EL PUNTO DE VISTA DE LA SIRENA. ESTA VERSIÓN DEL GUION DE BRIAN GRAZER FUE RECHAZADA CIENTOS DE VECES HASTA QUE DECICIÓ CAMBIARLO Y CONTAR LA HISTORIA DE AMOR DESDE EL PUNTO DE VISTA DEL HOMBRE. (LA FAMOSA ALETA ANARANJADA QUE LLEVABA DARYL HANNAH, INSPIRADA EN LOS KOI Y LOS PECES DORADOS, PESABA 16 KG).

EN HOLLYWOOD CORRE EL RUMOR QUE A DARYL HANNAH LE GUSTABA NADAR AL *"estilo de las sirenas"* CUANDO ERA NIÑA, LO QUE PUDO HABERLA AYUDADO A CONSEGUIR EL PAPEL DE MADISON EN LA EXITOSA PELÍCULA.

El estiramiento de la sirena en yoga,

LLAMADO NAGINYASANA EN SÁNSCRITO, ES UNA VARIACIÓN DE LA POSTURA DE LA PALOMA. SE DOBLA UNA PIERNA EN EL SUELO DELANTE Y LA OTRA DETRÁS, DOBLADA HACIA ARRIBA A LA ALTURA DE LA RODILLA. EL OBJETIVO ES MANTENER LA PIERNA TRASERA APOYADA EN EL CODO MIENTRAS QUE LAS MANOS ESTÁN EN ALTO, UNIDAS EN FORMA DE DIAMANTE DETRÁS DE LA CABEZA. AUNQUE PAREZCA POCO ATRACTIVA, EL EFECTO ES BASTANTE ELEGANTE. (POR FAVOR, INTÉNTELA SOLO CON LA AYUDA DE UN EXPERTO.)

Los fans de Harry Potter

ESTARÁN FAMILIARIZADOS CON LAS
ESPELUZNANTES CRIATURAS

gente del agua

QUE APARECEN POR PRIMERA VEZ EN *HARRY POTTER Y EL CÁLIZ DE FUEGO*. VIVEN BAJO EL AGUA EN EL GRAN LAGO DE HOGWARTS, HABLANDO SIRENIO. A DIFERENCIA DE LAS SIRENAS, SUS MELODIOSAS CANCIONES SON INCOMPRENSIBLES FUERA DEL AGUA (PERO HARRY SE ADAPTA BIEN AL MEDIO ACUÁTICO, CON BRANQUIAS Y PIES PALMEADOS).

Cuando su amigo
EDVARD COLLIN SE CASÓ CON
UNA MUJER, EL AUTOR

Hans Christian Andersen.

RESULTÓ TAN AFECTADO QUE PLASMÓ SU
SUFRIMIENTO EN LA INMORTAL HISTORIA DE
AMOR IMPOSIBLE DE *LA SIRENITA*.

La actriz de teatro

Jodi Benson

TUVO QUE EJERCITAR SU PODEROSA VOZ DE CANTANTE PARA CONVERTIRLA

en la suave voz de Ariel

EN LA VERSIÓN ORIGINAL DE *LA SIRENITA* DE DISNEY.

La sirena que aparece en un grabado de la

Biblia de Nuremberg

DE 1483 SE MIRA EN SU ESPEJO SIN PREOCUPARSE POR EL DILUVIO UNIVERSAL, MIENTRAS NADA CERCA DEL ARCA DE NOÉ JUNTO A SU MASCOTA MITAD PERRO MITAD PEZ Y UN SIRENO.

En su pintura surrealista de 1934, *Invención colectiva,*

EL ARTISTA BELGA RENÉ MAGRITTE INVIERTE LA TÍPICA IMAGEN DE UNA SIRENA. EN SU VERSIÓN SE MUESTRA A UNA MUJER CON CABEZA DE PEZ Y PIERNAS HUMANAS. LA FIGURA ESTÁ TUMBADA EN LA PLAYA CON EL MAR AL FONDO, MIRA HACIA DELANTE Y DA UN POCO LA IMPRESIÓN DE ESTAR ATRAPADA. PUEDE QUE EN TIERRA CAMINE SIN DIFICULTAD, ESO SÍ, QUE PUEDA RESPIRAR O NO YA ES OTRA CUESTIÓN.

LA VOZ DE LA SIRENA FUE
utilizada como arma
EN UNA SERIE DE MANGA JAPONESA SHŌJO,
'MERMAID MELODY: PICHI PICHI PITCH',
QUE FUE CREADA POR MICHIKO YOKOTE A
PRINCIPIOS DE LA DÉCADA DE LOS AÑOS 2000.
EN LUGAR DE SEDUCIR, LA CANCIÓN DE LA
SIRENA AYUDA A LA PRINCESA LUCHIA NANAMI
*a repeler demonios
acuáticos.*

Ser vigilante de un faro

NO ES LA MEJOR PROFESIÓN PARA
ENCONTRAR PAREJA. POR ESO NO RESULTA
TAN SORPRENDENTE QUE UN FARERO

se enamorara de una sirena,

QUE LUEGO DARÍA A LUZ A LA
HIJA QUE CUENTA LA HISTORIA DE SU
EXTRAÑO ORIGEN EN UNA CANCIÓN DE
MARINEROS DEL SIGLO XVIII:
"THE KEEPER OF THE EDDYSTONE LIGHT",
QUE MÁS TARDE SE VERSIONARÍA COMO
"THE EDDYSTONE LIGHT".

'*Más científicas que sirenas, ellas recolectan especímenes con la habilidad de acecho del rape.*'

— 'THE NATURALIST'S DREAM OF MERMAIDS COLLECTING IN THE DEEP', KEELY SARR

¿Quieres convertirte en una sirena (o quizás en un tritón)?

SI TODAVÍA NO PUEDES SUMERGIRTE EN WEEKI WACHEE SPRINGS (VER P. 27), TAL VEZ TE GUSTARÍA VISITAR LA ACADEMIA DE SIRENAS CERCA DE BARCELONA Y EMPEZAR A PRACTICAR

técnicas para nadar como una sirena.

ANNETTE KELLERMANN,
'la sirena original',

PUSO DE MODA LOS TRAJES DE BAÑO FEMENINOS DE UNA SOLA PIEZA, A PESAR DE QUE AL USAR UNO DE ELLOS LA ARRESTARON EN 1907. SIGNIFICARON UN GRAN CAMBIO CON RESPECTO A LOS MODELITOS PESADOS DE LANA QUE LAS MUJERES USABAN HASTA ENTONCES. ADEMÁS, LA NADADORA Y ACTRIZ AUSTRALIANA PROTAGONIZÓ NUMEROSAS PELÍCULAS INSPIRADAS EN LAS SIRENAS, E INCLUSO REALIZABA MUCHAS DE LAS ESCENAS PELIGROSAS SIN DOBLE (UNA VEZ SE ZAMBULLÓ EN UN POZO DE COCODRILOS PARA UN PAPEL).

Algunas sirenas son sanguinarias, otras simplemente.... despistadas.

EN SU POEMA DE 1909 'LA SIRENA',
EL POETA IRLANDÉS

William Butler Yeats

CONMEMORÓ A UNA DE LAS ÚLTIMAS:

'UNA SIRENA ENCONTRÓ A UN MUCHACHO NADANDO,
LO TOMÓ PARA SÍ MISMA,
APRETÓ SU CUERPO CONTRA ÉL,
RIO; Y ZAMBULLÉNDOSE EN EL AGUA
OLVIDÓ EN CRUEL FELICIDAD
QUE INCLUSO LOS AMANTES SE AHOGAN.'

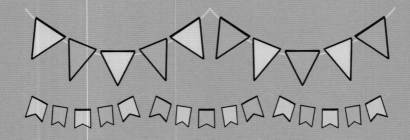

En el cuento ilustrado

SIRENAS (2019), DE LA ACTRIZ NEOYORQUINA JESSICA LOVE, JULIÁN ESTÁ PREOCUPADO POR CÓMO REACCIONARÁ SU ABUELA A

su afición por las sirenas.

PERO SU ABUELA LO SORPRENDE CUANDO LO LLEVA AL DESFILE ANUAL DE SIRENAS DE CONEY ISLAND.

MUCHO ANTES DE QUE KATY PERRY,
LADY GAGA O INCLUSO MADONNA SE
INSPIRARAN EN LAS SIRENAS,

el compositor alemán

Felix Mendelssohn

YA COMPUSO *LA BELLA MELUSINA* EN 1834
INSPIRÁNDOSE EN LA SIRENA DEL MITO
FRANCÉS. (AUNQUE MENDELSSOHN ES MÁS
CONOCIDO POR SU "MARCHA NUPCIAL".)

'Aquí es donde vivía hace mucho tiempo la gente del agua, gobernada por el Rey del Mar. Su castillo yacía en la parte más profunda del océano y estaba hecho de conchas de mar y nácar que brillaban en la penumbra moteada.'

— *THE LITTLE MERMAID*, CONTADO POR LA AUTORA E ILUSTRADORA JANE RAY

LAS FAMOSAS CRIATURAS DE VOZ DULCE DE

La Odisea

DE HOMERO NO ERAN SIRENAS, COMO SE CREE
COMÚNMENTE, SINO SERES MITAD PÁJARO
MITAD MUJER. EMILY WILSON, LA PRIMERA
TRADUCTORA AL INGLÉS DE LA EPOPEYA DE
3.000 AÑOS DE ANTIGUEDAD, AFIRMÓ QUE

eran seductoras por sus
conocimientos, y no por su
atractivo físico.

142

Cuando la pequeña
Saoirse
ENCUENTRA SU VOZ AL
FINAL DE LA PELÍCULA DE

dibujos animados

LA CANCIÓN DEL MAR (EN IRLANDÉS, AMHRÁN
NA MARA), DESCUBRE EL SECRETO DE SU
NACIMIENTO (SU MADRE ES UNA SELKIE) Y

las focas se reúnen a su
alrededor para escuchar
su hermosa canción.

AUNQUE CUANDO SE TRATA DE SIRENAS

William Shakespeare

ES QUIZÁS MÁS CONOCIDO POR OBERÓN RECORDÁNDOLE A PUCK QUE UNA VEZ ESCUCHÓ UNA CANCIÓN DE SIRENA EN *EL SUEÑO DE UNA NOCHE DE VERANO*; O ANTÍFOLO LLAMANDO A LUCIANA SIRENA EN *LA COMEDIA DE LAS EQUIVOCACIONES*, EN LA OBRA DE HISTORIA *ENRIQUE VI*; RICARDO III HACE UN ESCALOFRIANTE SOLILOQUIO PROMETIENDO "AHOGAR A MÁS MARINEROS QUE LAS SIRENAS".

Y LUEGO ESTÁ LA POBRE OFELIA, QUE ES
COMPARADA CON UNA SIRENA EN LAS
EXPLICACIONES QUE LA REINA GERTRUDIS DA
A LAERTES SOBRE LOS ÚLTIMOS MOMENTOS
DE SU VIDA, EN *HAMLET*, ACTO IV.

'Las ropas huecas y
extendidas la llevaron
un rato sobre las aguas,
semejante a una sirena, y en
tanto iba cantando pedazos
de tonadas antiguas, como
ignorante de su desgracia,
o como criada y nacida en
aquel elemento.'

'En el brezal de
la isla de Jura

¡CUÁN DULCEMENTE SE ACENTÚAN LOS
MURMULLOS DE LA ABEJA DE LA MONTAÑA!
CUÁN SUAVEMENTE LLORA LA CONCHA
RETORCIDA DE LA ORILLA DEL MAR.

'Pero flotando
más suave,

SOBRE LO PROFUNDO, LA DULCE Y
RELAJANTE SIRENA, ENCANTA A LAS OLAS
DANZANTES PARA QUE SE DUERMAN ANTE
EL LADRIDO DE LA ISLA COLONSAY.'

— JOHN LEYDEN, POETA ESCOCÉS

147

En el Reino Unido,
ALGUNOS PADRES DE JÓVENES
DISIDENTES DE GÉNERO CREARON UNA
ORGANIZACIÓN LLAMADA

Mermaids

(SIRENAS) QUE OFRECE APOYO
Y UNA MIRÍADA DE RECURSOS PARA LOS
JÓVENES Y SUS FAMILIAS.

Uno de los muchos alter egos de Lady Gaga ES UNA SIRENA LLAMADA

Yüyi

QUE APARECE EN EL VIDEOCLIP DE LA CANCIÓN "YOU AND I".

Hechizos de sirena

ALGUNOS CREEN QUE LA GEMA

aguamarina

– 'AGUA DEL MAR' – ESTÁ HECHA DE

lágrimas de sirenas.

(EN EL FOLCLORE CHINO, LAS LÁGRIMAS DE
SIRENA SE CONVIERTEN EN PERLAS.)

SE CREE QUE EL

aguamarina

TIENE PROPIEDADES CURATIVAS,
brindando calma,
claridad y coraje
AL PORTADOR.

Hechizo de sirena para encontrar tesoros

Hechizo de sirena para encontrar tesoros

Prepara un altar con conchas y cristales de mar. Haz un círculo con piedras lisas y en el centro coloca una vela blanca. Enciende la vela y repite en silencio estas palabras de Anne Morrow Lindbergh del libro *Regalo del mar*.

«El mar no recompensa a las personas demasiado ansiosas, avariciosas o impacientes. Cavar en busca de tesoros no solo denota impaciencia y avaricia, sino también es una clara señal de falta de fe. Paciencia, paciencia, paciencia, eso te enseña el mar. Paciencia y fe. Hace falta una actitud receptiva, abierta y sin preferencias, como una playa que espera un regalo del mar.»

Haz cinco respiraciones profundas contando lentamente hasta tres durante la inhalación, conteniendo la respiración contando hasta dos y volviendo a contar hasta tres durante la exhalación.

Ahora respira tres veces más. Intenta mantener el mismo ritmo, pero esta vez, en lugar de contar, inhala pensando "tengo fe" y exhala pensando "estoy abierto/a".

¿Qué regalo vendrá a ti hoy?

Cierra los ojos, no intentes forzar ningún pensamiento, limítate a recibir cualquier tesoro que te aguarde.

158

Hechizo de sirena para reconciliarnos con nuestra naturaleza contradictoria

Hechizo de sirena para reconciliarnos con nuestra naturaleza contradictoria

El rasgo más consistente de las sirenas es precisamente su inconsistencia. Son a la vez crueles y hermosas, tanto protectoras como también destructoras de los hombres y muy parecidas a los humanos sin llegar a formar parte de nuestro mundo. Como símbolos de dualidad, pueden ayudarnos a aceptar nuestros aspectos menos dramáticos y contradictorios.

Primero, escribe un poco en tu diario o en una hoja de papel sobre los rasgos de tu personalidad que tienden a ir en direcciones opuestas. ¿Te encantan las fiestas pero te da vergüenza hablar con gente nueva? ¿Te entusiasman los deportes pero odias la competición? ¿Eres una persona de mañanas pero se te ocurren las mejores ideas a altas horas de la noche? Tal vez algunas de estas contradicciones sean un poco fastidiosas, como tu predilección por los espacios minimalistas que no se manifiesta en tu escritorio hecho siempre un desastre. Y puede que algunas de ellas te hagan sentir raro o rara en el buen sentido de la palabra: odias ser el centro de atención, pero no puedes resistirte a marcarte un breakdance en todos los bares con pista de baile. Escribe todo lo que se te ocurra. Cuando hayas terminado, lee la lista. Trata de no juzgarte de un modo u otro, limítate a observarte desde una distancia.

Ahora encuentra un lugar tranquilo. (Ya no necesitas más la lista.) Si puedes, siéntate cerca de la orilla del mar. Si eso no es posible, rodéate con unas conchas y un pequeño tazón con agua salada y pon una música de fondo con sonidos del mar.

 160

Trata de sincronizar tu respiración con el ritmo de las olas. Inhala y exhala. Despacio. Inhala y exhala. No hay prisa. Deja que el ritmo se repita por sí mismo. No te preocupes si no consigues una sincronización perfecta, se trata solo de respirar profundamente y estar en calma a medida que la marea va subiendo y bajando.

El océano es peligroso pero también es fuente de vida. Hermoso pero lleno de extrañas criaturas de otro mundo. Oscuro en sus profundidades pero luminoso a la luz de la luna. Una conexión a mundos lejanos y a la vez un reconfortante recordatorio de sentirse feliz justo en el lugar donde te encuentras.

Tú también tienes muchas fuerzas que tiran de ti en direcciones opuestas: hacia la creación y la destrucción, hacia la oscuridad y hacia la luz. No es necesario que elijas un lado u otro, ni debes renunciar a tus rasgos conflictivos. Como una sirena, puedes cambiar de forma. Junto al océano, estás en casa.

162

Hechizo de sirena para encontrar tu voz

Hechizo de sirena para encontrar tu voz

Encuentra un lugar tranquilo. Enciende una vela, quema un poco de incienso y prepara un pequeño tazón de sal para absorber la energía negativa. Si quieres, puedes poner música tranquila. Hazte con una hoja de papel. Lo que escribas es solo para ti y no tienes que guardarlo a menos que quieras. Responde a las siguientes preguntas:

¿En qué situaciones te expresas cómodamente? ¿Hay situaciones en las que no te sientes cómodo/a?

¿Cuáles son los medios que prefieres para expresarte? (Poesía, moda, danza, publicaciones en redes sociales.)

¿Cuáles son las máscaras detrás de las cuales te escondes?

¿Sientes que hubo un tiempo en tu vida en el que estabas más en contacto contigo mismo/a?

¿Qué ha cambiado?

¿Qué es lo que más te importa?

¿Confías en tus instintos?

Ahora escribe lo primero que se te ocurra cuando leas las siguientes frases. No te preocupes si lo que dices no tiene sentido o no es la "mejor" respuesta, simplemente anota las palabras que vayan llegando a tu mente.

Soy...

Me siento...

La lección que estoy aprendiendo es...

Ojalá pudiera …
Estoy buscando....
El hogar es...
Mi voz es...

Vuelve a leer lo que has escrito. Escoge tres palabras que te llamen la atención y márcalas con un círculo. Ahora coge una hoja de papel y escribe estas tres palabras en el centro. Cierra los ojos, medita sobre estas tres palabras y toma conciencia de cualquier asociación que traigan a tu mente. Respira profundamente y cierra los ojos durante uno o dos minutos.

Cuando abras los ojos, imagina que escuchas un sonido hermoso. Es alguien cantando. La melodía es clara y ligera, y llega a ti desde un lugar lejano, un lugar encantado. Sigues el sonido y te das cuenta de que quien canta eres tú.

Cuando sientas que ha llegado el momento, apaga la vela, tira la sal, rompe el papel y desecha los pedazos en el cubo de reciclaje (a menos que quieras conservar lo que hayas escrito). Las tres palabras son un código que solo tú conoces.

Meditación a la orilla del mar

Meditación a la orilla del mar

Si es posible encuentra un lugar junto al mar, si no siempre puedes crear tu propio mini 'refugio de playa' con una vela con olor a océano, el sonido de las olas y tal vez algunas fotos de revistas de vacaciones al lado del mar. ¿Qué tipo de mar te transmite más calma? ¿Un paraíso tropical? Entonces querrás imaginarte un sol brillante, palmeras, arena blanca y agua cristalina de color turquesa. Pero tal vez tu idea de una tranquila tarde al lado del mar es un paisaje con aguas más frías y movidas y un cielo más oscuro. Un frío paseo por una costa rocosa y una acogedora casa donde poder acurrucarse y tomar un té. Sea cual sea la escena que más te atraiga, trata de imaginarte en ese lugar mientras respiras profundamente.

¿Qué estás mirando? ¿Estás junto al agua? ¿Tienes los pies en la arena? ¿O ya te has ido a casa con el bolsillo lleno de cristales de mar?

Cada inhalación te llena de calma. Cada exhalación disminuye la tensión del día. Nadie te está pidiendo nada en este momento. Estás exactamente donde tienes que estar. Te sientes libre. El sol, el aire salado y el tranquilizador vaivén de la marea están contigo. Tal vez vienen a tu mente algunos pensamientos angustiosos. Eso es normal. No es necesario intentar suprimirlos; deja que entren y salgan de tu mente siguiendo el vaivén de las olas. Estás en armonía.

Tal vez sigas pensando en cosas que tienes pendientes por hacer. Ya te pondrás a ello, en este momento puedes estar aquí, hundiéndote en la arena o en el acogedor sofá arropándote con una bonita manta. El mar no ha cambiado desde la última vez que viniste. Es igual a como lo recuerdas y continuará siendo así. Junto al mar el día transcurre con más lentitud. Puedes sentir cada minuto. No tienes prisa. No tienes por qué responder a nadie ni explicar lo que estás haciendo. No necesitas impresionar a los demás con una instantánea de lo que ves. Es tu momento, aprécialo.

Cuando te apetezca, apaga la vela y da las gracias al mar por estar siempre ahí para ti.

Las recetas de las sirenas

Batido de espuma de mar

Tiempo de preparación: 5 minutos   Para 2 personas

Hoy en día parece que se puede pedir cualquier combinación posible de ingredientes para batidos: mango, cúrcuma, granada, coco, semillas de chía, açaí, jengibre, perejil… ¿y que tal si le añadimos unas semillas de lino para acabar de rematar? Los súper alimentos son… pues eso… súper. Pero a veces tantas opciones pueden llegar a marearnos. Y si mientras haces una pausa para escuchar el canto de las sirenas, ¿qué tal si te animas a probar un batido clásico con ingredientes fáciles de encontrar sea cual sea la estación del año? Este batido saludable es un complemento perfecto para el desayuno o para recargar energías a mediodía. Es cierto que la verdadera espuma de mar es blanca (¡y además tiene un sabor horrible!), asimismo el llamativo color "espuma de mar" se acerca más a la tonalidad aguamarina. Sin embargo, el batido de esta receta tendrá un color verdoso probablemente menos atractivo. ¡Pero no te preocupes! Sigue siendo nutritivo y delicioso. Y como te diría cualquier sirena que haya experimentado la vida en la tierra, lo que cuenta es lo que hay dentro.

Ingredientes

500 ML DE ZUMO DE NARANJA

500 ML DE LECHE ENTERA

UN PUÑADO DE ESPINACAS FRESCAS, LAVADAS (VER NOTA)

UNA RODAJA DE NARANJA, PARA ADORNAR

2 PLÁTANOS, CORTADOS EN TROZOS GRANDES (LO MEJOR ES QUE SEAN CONGELADOS, PERO SIEMPRE PUEDES AGREGAR UN POCO DE HIELO SI NO TIENES LOS CONGELADOS A MANO)

Preparación

1 Mezcla todos los ingredientes en una batidora hasta que quede una textura espumosa para poder servir un buen vaso de espuma de mar que sea convincente.

2 Vierte la mezcla en vasos y decóralos con una rodaja de naranja.

Nota: Puedes sustituir las espinacas por col rizada o, si te sientes con ganas de experimentar, puedes probar con rúcula, hojas de remolacha, acelgas o, incluso, pak choi. Siempre puedes añadir más vegetales a tu gusto. ¡Eso sí, asegúrate de revisar tus dientes en un espejo antes de salir al mar!

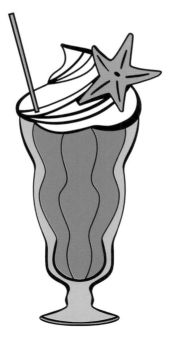

Ensalada de pepino y algas

Tiempo de preparación: 10 minutos   Para 4 personas

Un plato de pescado crudo combinado con una ensalada de algas es la comida favorita de las sirenas. Nosotros nos saltaremos la parte del pescado crudo y prepararemos una gustosa ensalada de pepinos y algas en su lugar. Acompáñala con un poco de pan, queso y fruta y tendrás un picnic perfecto para el verano.

Ingredientes

4 CUCHARADAS DE ALGA WAKAME SECA

5 O 6 PEPINOS

½ CEBOLLA BLANCA

80 ML DE VINAGRE DE ARROZ

2 CUCHARADAS DE AZÚCAR

UNA PIZCA DE SAL

1 CUCHARADA DE SEMILLAS DE SÉSAMO, PARA SERVIR

Preparación

1 Primero prepara las algas dejándolas en remojo con agua durante 10 minutos.

2 Mientras tanto, corta los pepinos y la cebolla en rodajas finas. Después retira las algas del agua y sácales el exceso de agua apretándolas con las manos. Colócalas en un bol para servir y añade los pepinos y la cebolla.

3 En un recipiente aparte, mezcla el vinagre y el azúcar para hacer el aliño.

4 Aliña la ensalada y añade sal al gusto. Deja reposar la ensalada en la nevera durante al menos una hora y sírvela espolvoreada con las semillas de sésamo.

Verduras marinas crujientes

Tiempo de preparación: 10 minutos   *Para 4 personas*

Las algas están llenas de vitaminas y antioxidantes, pero si vas a celebrar una fiesta inspirada en el mundo de las sirenas y buscas un poco de variedad, siempre puedes apostar por el kale o col rizada como un aperitivo delicioso y saludable. El kale no es una alga marina (aunque es cierto que existe una planta perenne llamada col marina, que tampoco es una planta del mar), pero si es lo suficientemente bueno para que lo sirvan en el hotel The Mermaid Inn en Mermaid Street, es lo suficientemente bueno para nosotros. Si te encuentras en la ciudad medieval de Rye en East Sussex, Inglaterra, y tienes la oportunidad de nadar hasta el Mermaid Inn, no te pierdas el bar Giant's Fireplace o el pasadizo secreto. (Si sientes interés por lo paranormal, también te intrigarán las historias de fantasmas del lugar.)

Ingredientes

2 MANOJOS DE COL RIZADA VERDE (KALE)
2 CUCHARADAS DE ACEITE DE OLIVA
SAL MARINA
PIMIENTA NEGRA

1 CUCHARADITA DE ZUMO DE LIMÓN
ADEREZOS OPCIONALES: SEMILLAS
    DE SÉSAMO, QUESO PARMESANO,
    COMINO, LEVADURA NUTRICIONAL,
    CURRY EN POLVO, CHILE EN POLVO

Preparación

1 Retira los extremos de los tallos de la col rizada. Trocea las hojas y lávalas. Luego sécalas.

2 Mezcla la col rizada con aceite, removiéndola bien. Luego añade sal y pimienta. Cuando todas las hojas de la col estén bien untadas con el aceite, agrega una cucharadita de zumo de limón y cualquiera de los aderezos opcionales que prefieras.

3 Extiende la col rizada en una bandeja para hornear (puedes colocar las hojas superpuestas) y déjala en el horno a 200°C durante unos 10 minutos más o menos, hasta que esté crujiente. Revisa y remueve cada pocos minutos. Pero no te despistes, la col rizada pasa de estar cruda a chamuscarse muy rápidamente. Y si se quema no tendrá buen sabor.

4 ¡Sírvelo al momento!

Galletas de dólar de arena con limón

Tiempo de preparación: 20 minutos (luego se debe dejar enfriar la masa durante la noche). Para 18 galletas

Los dólares de arena son magníficos erizos de mar relacionados con las estrellas de mar. También son conocidos como galletas de mar. Es importante no molestarlos y devolverlos al agua si los encontramos fuera de ella. (En muchos lugares es ilegal llevarse dólares de arena vivos.) Las galletas que vamos a preparar se parecen a estas criaturas del mar; van muy bien con una taza de té por la tarde (o incluso por la mañana) y no son demasiado dulces. Además, la ralladura de limón les da un buen toque. Si quieres evitar los frutos secos puedes usar un cuchillo para hacer el dibujo del dólar de arena antes de hornear.

Ingredientes

110 G DE MANTEQUILLA, ABLANDADA

150 G DE AZÚCAR MORENO

1 HUEVO

2 CUCHARADAS DE LECHE ENTERA

1 CUCHARADITA DE EXTRACTO DE VAINILLA

130 G DE HARINA COMÚN

1 CUCHARADITA DE BICARBONATO DE SODA

1/2 CUCHARADITA DE LEVADURA EN POLVO

1/2 CUCHARADITA DE SAL

RALLADURA DE 1 LIMÓN

ALMENDRAS PARTIDAS VERTICALMENTE (90 MITADES)

Preparación

1 Precalienta el horno a 180°C.

2 Mezcla la mantequilla y el azúcar. Por separado, bate el huevo con la leche y la vainilla. Cuando la mantequilla y el azúcar estén completamente mezclados, combínalos con la mezcla de huevo.

3 En un recipiente aparte, mezcla la harina, el bicarbonato de soda, la levadura en polvo y la sal. Mézclalo con los ingredientes líquidos y añade la ralladura de limón. Si la masa está seca, añade un poco más de leche. Deja enfriar la masa en la nevera durante la noche para evitar que se extienda al hornearse.

4 Forma unas pequeñas bolitas y colócalas en una bandeja para hornear engrasada separadas a unos 5 cm de distancia entre cada una. Usa una taza bañada en azúcar en polvo o azúcar glasé para aplanar las bolas y coloca cinco mitades de almendras en cada galleta en forma de estrella.

5 Hornea hasta que las galletas queden doradas por encima, unos 10 minutos. ¡Y a disfrutar!

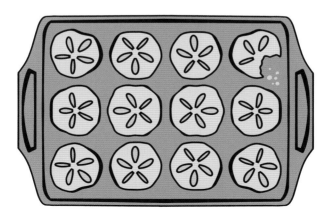

Isla desierta de pancakes

Tiempo de preparación: 20 minutos
Para 4 pancakes grandes, o 8 pequeños

Los pancakes se comen con arándanos, plátano y tal vez incluso con virutas de chocolate. Se les añade, por supuesto, jarabe de arce o jarabe de agave en los días buenos, y nata montada en cumpleaños. Pero ¿y si probamos una versión tropical de este desayuno tan delicioso? Si te encuentras en una isla desierta o eres autosuficiente, puedes intentar abrir un coco golpeándolo contra una roca puntiaguda (eso sí, elige este método solo si tienes un nivel avanzado de bricolaje, y no cuenta una tarde intentando convertir un cartón de leche en un comedero para pájaros). Para el resto de los mortales, bastará hacernos con una bolsa de coco rallado. Oye, estás preparando pancakes desde cero mientras tus amigos hacen cola para hacerse con absurdas creaciones de café personalizadas a precios escandalosos. Antes de que empieces a frustrarte por activar accidentalmente el detector de humos, recuerda la ley de hacer pancakes: los primeros nunca salen bien. O bien están demasiado hechos o poco hechos, demasiado delgados o demasiado gruesos, demasiado dorados o demasiado blanquecinos. Estos ensayos es mejor que te los comas tú (exceptuando los poco hechos) antes de invitar a tus comensales a la mesa.

Ingredientes

75 G DE HARINA COMÚN
1 CUCHARADITA DE LEVADURA EN POLVO
2 PIZCAS DE SAL
1 HUEVO
175 ML DE LECHE ENTERA
1 CUCHARADITA DE COMPOTA DE MANZANA
1 CUCHARADITA DE ZUMO DE LIMA

1 CUCHARADA DE COCO RALLADO
MANTEQUILLA, PARA FREÍR

Para servir

JARABE DE ARCE
MANTEQUILLA
RODAJAS DE LIMA

Preparación

1 Mezcla la harina, la levadura en polvo y la sal en un tazón grande. En un recipiente aparte, bate el huevo y luego agrega la leche, la compota de manzana y el zumo de lima. Combina los ingredientes líquidos con los secos y remuévelos para que se mezclen —trata de no mezclarlos demasiado— y después déjalos reposar unos 10 minutos. Luego añade el coco rallado removiendo.

2 Funde un trozo de mantequilla en una sartén y vierte un poco de masa de pancakes para asegurarte de que la temperatura es la adecuada. Los pancakes son un poco delicados y no saldrán bien si la sartén está demasiado caliente o demasiado fría o si te excedes en el tiempo de cocción. Serán comestibles, y si eres un verdadero náufrago probablemente te los comerás. Aun así trata de conseguir la temperatura 'perfecta'. Añade un cucharón de masa en la sartén y dale la vuelta cuando veas burbujas. En cuanto al tamaño y la forma, cuanto más imperfectos sean tus pancakes, mejor. De este modo, obtendrás formas más curiosas similares a una "isla". Así pues, no tienes que preocuparte por balancear la sartén para conseguir unos pancakes perfectamente redondos y bonitos.

3 Sirve tus pancakes con jarabe de arce, o solo con mantequilla, y decóralos con rodajas de limón.

Dulces marinos arremolinados

Tiempo de preparación: 15 minutos, más 2 horas para enfriar   Para 28 unidades

Los dulces son estupendos en cualquier época del año, pero estas exquisiteces de menta y sal marina son perfectas para deleitar a tus amigos y vecinos durante las fiestas navideñas. Como variante y para darles un poco de proteína, puedes agregar nueces picadas a la mezcla antes de verterla en la sartén (siempre y cuando nadie tenga alergia a los frutos secos). ¡No permitas que se sepa lo fácil que es preparar esta receta! Deja que piensen que estuviste todo el día nadando y recogiendo sal pura del mar.

Ingredientes

400 G DE LECHE CONDENSADA DULCE

525 G DE CHISPAS DE CHOCOLATE NEGRO

2 CUCHARADAS DE MANTEQUILLA

1 CUCHARADITA DE EXTRACTO DE VAINILLA

175 G DE CHISPAS DE CHOCOLATE VERDE CON MENTA

UN PUÑADO GENEROSO DE SAL MARINA DE BUENA CALIDAD (SI TE APETECE IR EN BUSCA DE UN AUTÉNTICO TESORO, LA SAL DE GUÉRANDE DE BRETAÑA, FRANCIA, ES ESPECTACULAR).

ACEITE DE COCO, PARA ENGRASAR

Preparación

1 Engrasa un molde de 20 x 20 cm con el aceite de coco. Funde las chispas de chocolate negro al baño maría y añádele la leche condensada, la mantequilla y el extracto de vainilla, removiendo de vez en cuando para que no se te queme. También puedes usar un microondas. Cuando la mezcla sea homogénea, viértela en el molde y espolvoréala con sal marina.

2 Ahora funde al baño maría a fuego lento las chispas de chocolate verde con menta en un recipiente aparte, remueve ocasionalmente. En este caso también puedes usar el microondas. Una vez derretido, deja caer el chocolate lentamente por encima de la mezcla creando un efecto de remolino.

3 Deja enfriar el dulce en la nevera durante 2 horas y, una vez fraguado, córtalo en trozos pequeños y disfrútalo en los oscuros meses de invierno, mientras sueñas con unas vacaciones en el mar.

Proyectos artesanales de sirenas

Corona de sirena

¿Buscas un proyecto de manualidades sencillo o una idea original para un regalo? No busques más: ¡las coronas de sirena son ideales! Solo tienes que seguir estos sencillos pasos para crear tu propio accesorio imprescindible para una princesa sirena. Dale tu toque personal con purpurina, lentejuelas o cualquier otra pizca de magia sireniana que te guste. ¡Deja volar tu imaginación!

Materiales

FIELTRO VERDE, TURQUESA Y PLATEADO
   (O CUALQUIER COLOR QUE TE GUSTE)
LENTEJUELAS, PERLAS, DIAMANTES DE
   IMITACIÓN, CINTAS O CUALQUIER OTRO
   ABALORIO QUE TE GUSTE.
DIADEMA DE PLÁSTICO

Utensilios

TIJERAS
MARCADORES DE TELA (TONOS
   LIGERAMENTE MÁS OSCUROS
   QUE LOS COLORES DE FIELTRO
   ELEGIDOS)
PEGAMENTO DE MANUALIDADES
   O PISTOLA DE PEGAMENTO
   TERMOFUSIBLE

Preparación

1 Comienza recortando formas de fieltro para decorar tu corona. Recorta tantas decoraciones como desees según lo llamativa que quieres que sea tu corona de sirena. Te sugerimos que recortes 2 hojas grandes de algas, 5 medianas y 2 pequeñas, 2 conchas grandes y 2 pequeñas, y 1 estrella de mar grande y 2 pequeñas.

2 Añade detalles a tus ornamentos usando los marcadores de tela, puedes sombrear o dibujar sobre las formas. Pega lentejuelas u otros adornos para darles más brillo.

3 Pega las piezas recortadas a la diadema. Te recomendamos que empieces por las hojas de algas, coloca las formas más grandes primero, después las medianas y por último las pequeñas en la parte superior, desplegándose desde el centro. Pega las conchas y las estrellas de mar más grandes agrupadas en el centro, y coloca las más pequeñas a cada lado. Experimenta hasta encontrar la composición que más te guste. Adorna tu corona pegando cuentas de perlas de diferentes tamaños, diamantes de imitación o cualquier otro abalorio que te guste para darle brillo.

Exfoliante corporal marino

Cantidad suficiente para llenar un frasco pequeño

Nadar es una de las mejores formas de hacer ejercicio, eso sí después de un largo día moviendo las aletas tus músculos pueden quedar un poco adoloridos. Cuando regreses a casa, mímate con este lujoso exfoliante corporal inspirado en el mar. Si el exfoliante es para ti, no es necesario darle color, pero si es para hacer un regalo, te quedará perfecto si le añades al frasco unas sales azules y lo decoras con una cinta. Sea como sea, debes guárdalo en un frasco con una tapa bien ajustada.

Atención: si bien el aceite esencial de lavanda se considera seguro para su uso, las mujeres embarazadas o en período de lactancia, o las personas con alergias o sensibilidades, deben consultar a un profesional médico antes de utilizar los aceites esenciales.

Gracias a la encantadora Jessica Luk, cuyos mágicos exfoliantes corporales caseros inspiraron esta receta.

Ingredientes

135 G DE SAL MARINA DEL HIMALAYA (SI NO TIENES, LA MISMA CANTIDAD DE SAL DE MESA SERVIRÁ)

1 CUCHARADITA DE BICARBONATO DE SODA

100 G DE AZÚCAR

125 ML DE ACEITE (DE OLIVA O DE COCO)

5-8 GOTAS DE ACEITE DE LAVANDA

(O 1 CUCHARADA DE EXTRACTO DE VAINILLA)

3 GOTAS DE COLORANTE ALIMENTARIO AZUL (OPCIONAL)

Preparación

1 Mezcla la sal, el bicarbonato de soda y el azúcar. Vierte el aceite de oliva o de coco y vuelve a mezclar.

2 Añade las gotas de aceite de lavanda o de extracto de vainilla. Cuando estén completamente mezcladas, agrega el colorante alimentario azul, si quieres. (Si te sientes con ganas de experimentar, puedes hacer colorante alimentario azul con col lombarda, ver abajo.)

3 Llena la bañera, métete dentro y relájate. Aplícate el exfoliante con movimientos circulares mientras recuerdas tu día en el mar. Notarás una agradable sensación de exfoliación natural.

Colorante alimentario azul totalmente natural

Si prefieres usar un colorante totalmente natural y tienes ganas de experimentar, prueba a hervir una col lombarda cortada a tiras en 2 litros de agua, luego saca la col y reduce el agua de cocción a un tercio, añade bicarbonato de soda hasta que consigas el color azul de tus sueños marinos. Mientras tanto, saltea la col con un poco de aceite, una cebolla finamente rebanada, ajo, vino tinto y un poco de azúcar moreno para deleitarte con un plato delicioso.

Portatesoros marino

Si te gusta coleccionar cristales de mar, conchas y otras baratijas brillantes, necesitarás un lugar especial donde guardarlas, sobre todo si son muy pequeñas. Este portajoyas en forma de concha será el lugar perfecto. Decóralo en el color que más te guste: puedes optar por un rosa pálido con un poco de brillo plateado, esta es una combinación delicada e inspirada en los cuentos de hadas, pero quizás prefieras apostar por una variedad de tonalidades azules que recuerden al mar.

Materiales

CONCHA DE VIEIRA DE COLOR CLARO, PREFERIBLEMENTE SIN ROTURAS

PINCEL DE PINTURA

IMPRIMACIÓN (OPCIONAL)

PINTURA ACRÍLICA DEL COLOR QUE PREFIERAS

PEGAMENTO DE BRILLO PLATEADO

Preparación

1 Limpia la concha, eliminando la arena y la suciedad. Decide cómo la pintarás. ¿Tal vez utilizando diferentes colores en el interior y en el exterior? ¿Siguiendo un patrón? ¿Un diseño? Es posible que para empezar prefieras algo sencillo y optes por uno o dos colores sólidos.

2 Si usas imprimación, pinta solo una capa. Deja secar y repite. Pero asegúrate de que la concha esté seca antes de aplicar la pintura.

3 Humedece el pincel. Agrega un poco de agua a la pintura y prueba a decorar tu concha. Cuando la pintura se haya secado, contornea el borde interior de la concha con el pegamento de brillo plateado y déjalo secar.

Mandala de playa

La palabra 'mandala' significa círculo en sánscrito. El mar trae cosas y se las vuelve a llevar. El mejor momento para encontrar tesoros del océano es justo antes o después de la marea baja, durante un día de luna nueva o llena. Una tormenta puede traer una gran cantidad de tesoros marinos, pero antes de salir en su búsqueda asegúrate de que el tiempo se haya calmado. Es un placer hacer manualidades con los tesoros que coleccionas; algunas de tus creaciones te las querrás quedar como recuerdo, pero regalarlas a otras personas también puede ser bonito. Hacer mandalas en la playa es una manera fantástica de pasar tiempo junto al mar y admirar la belleza fugaz de tu creación. Hay algo muy especial en la creación de una obra de arte sabiendo que no la podrás conservar. Igual como los castillos de arena, un mandala te recuerda la importancia de vivir el momento presente, de disfrutar de lo que tienes sin necesidad de aferrarte a ello. Seguramente nuestras "cambiaformas" oceánicas favoritas estarían de acuerdo, ¿no crees?

Preparación

1. Consulta las fases lunares y el calendario de mareas para elegir el mejor momento para rastrear la playa.

2. No te limites solo a recoger conchas y cristales de mar. Tu mandala quedará muy bonito si le añades también piedras, palos, algas, hojas, pétalos, etc. Trata de encontrar elementos sueltos (en lugar de, por ejemplo, arrancar pétalos de una flor).

3 Extiende tu botín sobre una toalla y examínalo. ¿Quieres agrupar elementos parecidos? ¿O tal vez prefieres seguir un patrón, combinando diferentes elementos como si estuvieras haciendo un collar? Inspírate en las espirales de Fibonacci que se encuentran en caracolas y conchas de caracol (así como en muchos otros elementos de la naturaleza, como piñas o galaxias espirales). Comienza desde el centro y crea varios círculos hacia afuera cada vez más anchos.

4 Trata de relajarte mientras diseñas tu mandala. Parte del objetivo de los mandalas consiste en entregarse a la tranquilidad y contemplación que requiere hacerlos.

5 Aléjate y admira tu trabajo. Si lo deseas puedes sacar una foto, o simplemente dedícate a disfrutar del carácter efímero de tu obra de arte.

LOS UNICORNIOS *son* REALES, *las sirenas* ME LO DIJERON

— ANÓNIMO

Inspiración
sireniana

El amor por las sirenas ha inspirado poemas, motivado a mujeres en busca de su esencia femenina, entretenido a multitudes, e incluso inspirado a una empresa que se dedica a fabricar colas de sirena cosidas a mano. No obstante, a lo largo de sus varios miles de años de historia, las sirenas también han sido consideradas criaturas peligrosamente seductoras, maravillosamente protectoras y presagiadoras de la desgracia y, a veces, vengativas. En cambio, las sirenas de hoy tienden a ser caprichosas, en sintonía con nuestro anhelo de un mundo donde podamos nadar al ritmo de nuestras propias aletas.

'Nadie tiene derecho
a privarte de
tu voz.'

— *THE MERMAID'S VOICE RETURNS IN
THIS ONE*, AMANDA LOVELACE (2019)

'Si hay

magia

en este planeta, se
encuentra en el agua.'

— LOREN EISELEY,
ESCRITOR DE NATURALEZA
DEL SIGLO XX

198

'ME DIRIJO A TODOS VOSOTROS ESTA NOCHE POR LO QUE *realmente* SOIS: *hechiceros, sirenas, viajeros, aventureros y magos.* VOSOTROS SOIS LOS *auténticos soñadores.*'

— *LA INVENCIÓN DE HUGO CABRET,*
BRIAN SELZNICK (2007)

200

Tritones,

RECORDAD QUE TAMBIÉN PODÉIS CANALIZAR A VUESTRA SIRENA INTERIOR

Conchas, púrpurinas, brillos, lentejuelas, cristales de mar...

TODOS LOS TESOROS DE LAS PROFUNDIDADES ESTÁN A VUESTRO ALCANCE.

'Se pasaba muchas noches
asomada a la ventana,
DIRIGIENDO LA MIRADA A LO ALTO,
CONTEMPLANDO, A TRAVÉS DE LAS
AGUAS AZULOSCURO, CÓMO LOS PECES
CORRETEABAN AGITANDO LAS ALETAS Y LA
COLA. ALCANZABA TAMBIÉN A VER

la luna y las estrellas,

QUE A TRAVÉS DEL AGUA PARECÍAN MUY
PÁLIDAS, AUNQUE MUCHO MAYORES DE COMO
LAS VEMOS NOSOTROS. CUANDO UNA NUBE

NEGRA LAS TAPABA, LA PRINCESA SABÍA QUE
ERA UNA BALLENA QUE NADABA POR ENCIMA
DE ELLA, O UN BARCO CON MUCHOS HOMBRES
A BORDO, LOS CUALES JAMÁS HUBIERAN
PENSADO EN QUE ALLÁ ABAJO HABÍA

*una joven y encantadora
sirena que extendía las
blancas manos hacia la
quilla del navío.'*

— *LA SIRENITA,*
HANS CHRISTIAN ANDERSEN

204

10 maneras de ayudar a proteger a las sirenas

1 NO COMPRES BOTELLAS DE AGUA DE PLÁSTICO. TIENES A TU DISPOSICIÓN MUCHAS BOTELLAS REUTILIZABLES ELEGANTES Y DE COLORES. LLENA LA TUYA CON AGUA BIEN FRESCA Y LLÉVALA CONTIGO A TODAS PARTES.

2 REDUCE TU HUELLA DE CARBONO. CAMINA O UTILIZA EL TRANSPORTE PÚBLICO SIEMPRE QUE SEA POSIBLE.

3 ANTES DE VOTAR, TÓMATE EL TIEMPO PARA AVERIGUAR LAS OPINIONES DE LOS POLÍTICOS SOBRE EL CAMBIO CLIMÁTICO.

4 ORGANIZA UN DÍA DE "LIMPIEZA EN LA PLAYA".
TRAE CAFÉ Y DÓNUTS (¡O QUIZÁS GALLETAS
DE DÓLAR DE ARENA! (VER P. 178))

5 COMPRA MARISCOS DE PRODUCCIÓN SOSTENI-
BLE.

6 TRAE TUS PROPIAS BOLSAS DE TELA PARA
HACER LA COMPRA.

7 CONTRIBUYE CON DONACIONES A GRUPOS
DEDICADOS A LA REDUCCIÓN DE LOS EFECTOS
DEL CAMBIO CLIMÁTICO Y LA CONSERVACIÓN
MARINA.

8   COME MENOS CARNE. (BUSCA EN INTERNET LOS
    LUNES SIN CARNE PARA INSPIRARTE.)

9   INVIERTE EN ENERGÍAS RENOVABLES.

10 HABLA CON TUS AMIGOS SOBRE LA IMPORTAN-
    CIA DE PROTEGER LOS OCÉANOS.

208

Lecciones de las sirenas

1. LA VIDA ESTÁ LLENA DE POSIBILIDADES. NO TENGAS MIEDO AL CAMBIO.

2. NUNCA DEJES PASAR LA OCASIÓN DE TOMARTE UN DESCANSO EN UN LUGAR SOLEADO.

3. LAS CORRIENTES FUERTES TE HACEN MÁS RESILIENTE.

4. PIENSA MÁS ALLÁ DE TUS ALETAS.

5. CANTA.

6. AFÉRRATE A TUS SUEÑOS, SIN IMPORTAR LO POCO REALISTAS QUE PAREZCAN.

7 PRESTA ATENCIÓN A LOS TESOROS ESCONDIDOS.

8 ACEPTA LA COMPLEJIDAD.

9 OFRECE TU AMISTAD A LAS PEQUEÑAS CRIATURAS QUE NADAN A TU LADO.

10 TU VOZ ES TUYA; NO DEJES QUE NADIE TE LA QUITE.

11 NO TENGAS MIEDO DE PROBAR NUEVAS FORMAS DE SER, PERO NO ESCONDAS QUIÉN ERES REALMENTE.

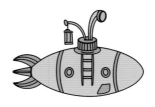

'¿Te acuerdas de cuando me
senté en un promontorio
y vi a una sirena sobre
el dorso de un delfín
entonando un aria tan
dulce y melodiosa que hasta
el rudo océano se apaciguó
al oír su canto, y ciertas
estrellas se lanzaron
enloquecidas de sus
esferas para gozar la música
de la marina doncella?'

— OBERÓN EN *EL SUEÑO EN UNA NOCHE DE
VERANO*, ACTO II, ESCENA 1,
WILLIAM SHAKESPEARE

'Tengo que ser una sirena, Rango.

NO ME ASUSTAN LAS
PROFUNDIDADES, PERO SÍ
la vida superficial.'

— *CORAZÓN CUARTEADO*
ANAÏS NIN

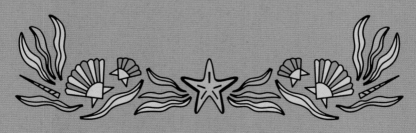

'Ella estaría a medio **planeta de distancia,** FLOTANDO EN UN MAR TURQUESA, bailando a la luz de la luna.'

— *LA FLOR DEL MAL*, JANET FITCH

215

Bibliografía

American Museum of Natural History staff; 'Becoming Mermaids', part of the Mythic Creatures exhibition, American Museum of Natural History; en línea: www.amnh.org/exhibitions/mythic-creatures/water/becoming-mermaids (consulta 20 de marzo de 2019).

American Social History Project; 'The FeeJee Mermaid Exhibit', The Lost Museum Archive; en línea: https://lostmuseum.cuny.edu/archive/exhibit/mermaid (consulta 5 de abril de 2019).

Angry Mermaid Award; en línea: www.angrymermaid.org/

Ashton, John. *Curious Creatures in Zoology: With 130 Illustrations Throughout the Text*. John C. Nimmo (Londres, 1890).

Banse, Karl. 'Mermaids–Their Biology, Culture, and Demise.' *Limnology and Oceanography*, vol. 35, no. 1, 1990, pp. 148–153. JSTOR; en línea: www.jstor.org/stable/2837348 (consulta 24 de abril de 2019).

BBC News; 'Little Mermaid: Copenhagen statue a target for vandals', BBC News, 15 de junio de 2017; en línea: www.bbc.com/news/world-europe-40293396 (consulta 17 de abril de 2019).

Carmichael, Alexander. *Carmina Gadelica: Hymns and Incantations*. Floris Books. (Edimburgo, 1994).

Cipriani, Casey. 'How Ariel In *The Little Mermaid* Led To Far More Feminist Princesses Like Mulan & Merida, According To Voice Actor Jodi Benson'. Bustle; en línea: www.bustle.com/p/how-ariel-in-the-little-mermaid-led-to-far-more-feministprincesses-like-mulan-merida-according-to-voice-actor-jodi-benson-15942919 (consulta 23 de abril de 2019).

Cormier, Roger. '15 Surprising Facts about Splash.' Mental Floss; en línea: http://mentalfloss.com/article/76738/15-surprising-facts-about-splash (consulta 3 de abril de 2019).

Costantino, Grace. 'The Beautiful Monster: Mermaids.' 31 de octubre de 2014; Biodiversity Heritage Library; Blog Web, (consulta 28 de marzo de 2019).

De Vos, Lauren and Salinas de León, Pelayo. 'Feeling the Heat.' *Save Our Seas* magazine, diciembre de 2018; en línea: www.saveourseasmagazine.com/feeling-the-heat/ (consulta 1 de mayo de 2019).

Elbein, Asher. 'Sirens of Greek Myth Were Bird-Women, Not Mermaids.' Audobon 6 de abril de 2018. En línea: https://www.audubon.org/news/sirens-greek-myth-were-bird-women-not-mermaids

Guitton, Matthieu, J. ed. *Mermaids*. Intellect Books (Chicago, 2016).

Hall, Manly P. and Augustus Knapp, J. *The Secret Teachings of all the Ages, An Encyclopedic Outline of Masonic, Hermetic, Qabbalistic and Rosicrucian Symbolical Philosophy*. H.S. Corcker Company, Inc. (San Francisco, 1928).

History staff. 'Columbus mistakes manatees for mermaids.' This Day in History, 24 de noviembre de 2009. A&E Television Networks.

Hongrui, Li. 'Mermaids in Chinese fairy tales.' *China Daily*, febrero de 2016; en línea: http://www.chinadaily.com.cn/culture/2016-02/22/content_23591906.htm (consulta 7 de abril de 2019).

Horspool, Susette. 'Real Mermaid Life in the Ocean.' Exemplore, septiembre de 2017; en línea: exemplore.com/cryptids/Real-Mermaid-Life-in-the-Ocean (consulta 8 de abril de 2019).

Jagernauth, Kevin. 'Producer Brian Grazer Says He's Remaking *Splash* But With a Twist'. 6 de junio de 2016; en línea: https://theplaylist.net/producer-brian-grazer-says-hes-remaking-splash-twist-20160606/ (consulta 14 de abril de 2019).

Jerome, Jim. 'A Whale of a Tale.' *People Weekly*, 9 de abril de 1984.

Kanai, Lang. 'How Did Manatees Inspire Mermaid Legends?' *National Geographic*, 25 de noviembre de 2014.

Kellermann, Annette. 'Diving into a Crocodile Pit'. National Film and Sound Archive of Australia Oral Histories, 1974; en línea: www.nfsa.gov.au/collection/curated/diving-crocodile-pit-annette-kellerman (consulta 18 de abril de 2019).

Kingshill, Sophia. *Mermaids*. UK Little Toller Books (Dorset, 2015).

Love, Jessica. *Julián is a Mermaid*. Candlewick (Somerville, 2018).

Lovelace, Amanda. *The Mermaid's Voice Returns in This One*. Andrew McMeel (Kansas City, 2019).

'Mermaid'. *The Oxford Companion to the Body*. Encyclopedia.com. 24 de abril de 2019; www.encyclopedia.com (consulta 14 de abril de 2019).

Mermaids; en línea: www.mermaidsuk.org.uk/

Oliver, Narelle. *Mermaids Most Amazing*. G.P. Putnam's Sons (Nueva York, 2001).

Phillpotts, Beatrice. *Mermaids*. Ballantine Books (Nueva York, 1980).

Pliny the Elder, *Natural History*, traducción de Philemon Holland, 1601.

Radsken, Jill. 'Feejee Mermaid is unattractive attraction.' *The Harvard Gazette*, octubre de 2017; en línea: https://news.harvard.edu/gazette/story/2017/10/feejee-mermaid-offers-haunting-tale-at-harvard-museum/ (consulta 30 de abril de 2017).

Ray, Jane. *The Little Mermaid and Other Fishy Tales*. Boxer Books (Nueva York, 2014).

Roberts, Kayleigh. 'We asked a marine biologist to solve the mystery of how mermaids have sex.' Hello Giggles, febrero de 2016; en línea: https://hellogiggles.com/lifestyle/mermaid-sex/ (Web, 30 de abril de 2019).

Ross, David, ed. 'Zennor Church and the Mermaid of Zennor.' Britain Express; en línea: www.britainexpress.com/counties/cornwall/churches/zennor.htm (consulta 14 de abril de 2019).

Russell, W.M.S., and Russell, F.S. 'The Origin of the Sea Bishop.' *Folklore* Vol. 86, No. 2 (Summer, 1975), pp. 94–98.

Smithsonian National Museum of African Art staff. 'Mami Wata': Arts for Water spirits in Africa and Its Diasporas, Smithsonian National Museum of African Art; en línea: https://africa.si.edu/exhibits/mamiwata/intro.html (consulta 14 de abril de 2019).

Sparks, Amber. 'The Original *Little Mermaid*.' *The Paris Review*, 16 de marzo de 2018.

Thorne, Russ. *The Magical History of Mermaids*. Flame Tree Publishing (Londres, 2018).

Turgeon, Carolyn. *The Mermaid Handbook: An Alluring Treasury of Literature, Lore, Art, Recipes, and Projects*. HarperCollins (Londres, 2018).

Young, Lauren. 'In 1562 Map-Makers Thought America Was Full of Mermaids, Giants, and Dragons.' *Atlas Obscura*, diciembre de 2016; en línea: https://blogs.loc.gov/folklife/2018/05/the-mermaid/ (consulta 14 de abril de 2019).

Waugh, Arthur. 'The Folklore of the Merfolk.' *Folklore*, vol. 71, no. 2, 1960, pp. 73–84. JSTOR; en línea: www.jstor.org/stable/1258382

Weeki Wachee Springs State Park, staff. 'The Magnificent History of Weeki Wachee Springs State Park.' Weeki Wachee Springs State Park; en línea: https://weekiwachee.com/about-us/ (consulta 8 de abril de 2019).

Wessing, Robert. 'A Princess from Sunda: Some Aspects of Nyai Roro Kidul.' *Asian Folklore Studies*, vol. 56, no. 2, 1997, pp. 317–353. JSTOR; en línea: www.jstor.org/stable/1178730

Whitfield, Anna. 'Mermaid tales appear in myths around the world – Arnhem Land included.' ABC News Australia; en línea: www.abc.net.au/news/2018-06-11/mermaids-across-the-world-arnhem-land/9846210 (consulta 14 de abril de 2019).

Winick, Stephen. '"The Mermaid": the Fascinating Tail Behind an Ancient Ballad.' *Folklife Today*: American Folklife Center & Veterans History project. 24 de mayo de 2018. (Web, 3 de abril de 2019). En línea: https://blogs.loc.gov/folklife/2018/05/the-mermaid/

World Book Encyclopedia, World Book (Chicago, 2019), p. 475.

Agradecimientos

Gracias a Caitlin por concebir la idea de este libro y compartir conmigo tus fantásticas ideas y por tus revisiones, como siempre. Gracias también a Sugar Bear por su colaboración, además una vez rescató a un hombre que caía, seguramente ganándose así la aprobación de las sirenas protectoras en todas partes y un apodo que ha permanecido ahora por más de una década. Gracias también a mi madre y a mi tía Ellen, doncellas de los mares celtas que me enseñaron a amar el océano y pasaron muchas tardes de verano (e invierno) conmigo, buscando tesoros en Laurel Beach. Laura Korzon, no te he conocido, pero estoy agradecida por la oportunidad de poder perderme en los reinos imaginarios que evocas. El atractivo de este libro se debe en gran medida a tu trabajo. Jacqui Caulton, gracias como siempre por tu precioso diseño acuático y tu infinita creatividad. Gracias también al maravilloso equipo editorial de Helena Caldon, Rachel Malig, Carron Brown y Lucy Kingett. Las historias de sirenas de Petra me han fascinado, y Wally ha sido de gran ayuda en varios aspectos, especialmente en el desarrollo de recetas a altas horas de la noche.

Sobre la autora y la ilustradora

Rachel Federman es una escritora, música y consultora sin fines de lucro que ha escrito más de veinte libros para adultos y niños, entre los que se incluyen *The Mindful Gardener* (Clarkson Potter, 2017) y *Test Your Dog's IQ* (HarperCollins, 2016). Una vez vio tres sirenas en la fuente del parque Washington Square en la ciudad de Nueva York. Nadie parecía saber cómo llegaron allí.

Laura Korzon es una artista, ilustradora y diseñadora, originaria de Lancaster, Pensilvania (EE.UU.). En 2010 se graduó en la Rhode Island School of Design y ahora se dedica a crear coloridas ilustraciones para tarjetas, artículos de papelería, ropa y libros, entre los que se incluyen *El pequeño libro de los unicornios* publicado también en esta misma editorial.